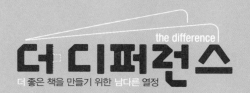

the difference

더 디퍼런스

더 좋은 책을 만들기 위한 남다른 열정

초등 교과서로
영어 문장 만들기

저자 **장혜원**
(현) 수택 고등학교 교사
(현) 국제영어대학원대학교(IGSE) 석사과정 재학 중
(전) JSL, ESL 영어학원 강사
TESOL 자격증
호주 애들레이드 대학교 교사 연수
미국 하와이 대학교 교사 연수
영국 치체스터 대학교 대학원 연수

이은진
(현) 성남청솔 초등학교 교사
(현) 국제영어대학원대학교(IGSE) 석사과정 재학 중
(전) 영어전담 경력 4년
(전) 경기도 여주교육청 부설 영재원 영어 강사
TESOL 자격증
영국 캠브리지 EF 어학연수
캐나다 UBC대학교 교사 연수
영국 치체스터 대학교 대학원 연수

감수 **Christopher Douloff**
(현) 국제영어대학원대학교(IGSE) 교재개발학과 교수

초등 교과서로
영어 문장 만들기

초판 1쇄 발행 2015년 7월 24일

지은이   장혜원 · 이은진
발행인   조상현
발행처   더디퍼런스

등록번호   제2014-000061호
주소   서울시 마포구 마포대로 127, 304호
문의   02-725-9988
팩스   02-6974-1237
이메일   thedibooks@naver.com
홈페이지   www.thedifference.co.kr

ISBN 979-11-86217-10-8 (63740)

초등 교과서로

영어 문장 만들기

장혜원 · 이은진 공저

더디퍼런스

영어는 학교 현장에서 가장 점수 편차가 심한 과목 중 하나입니다. 잘하는 학생들은 자유자재로 영어를 구사하지만 그렇지 못한 학생들은 알파벳조차 쓰기 버거워합니다. 초등학교에서 벌어진 차이는 고등학교에서 더 심해지고 급기야는 영어를 포기해 버리는 아이들도 많이 생겨납니다. 그러면 어떻게 해야 아이가 영어에 흥미와 열의를 갖고 계속해서 영어를 잘 할 수 있게 될까요? 그리고 아이들의 자기 주도적인 학습관은 어떻게 형성되는 것일까요? 스스로 해보겠다는 의지를 키우기 위해서는 무엇보다 '성취감'을 경험해 보는 것이 중요합니다. 무엇인가를 해냈다는 성취감은 더 열심히 하고자 하는 의욕을 갖게 하고 자기주도학습까지 가능하게 합니다.

Writing은 이 성취감을 경험할 수 있는 가장 좋은 방법입니다. 아이들은 자신의 생각을 글로 표현하고 그 결과물을 보면서 뿌듯함을 느낄 수 있습니다. 하지만 현재 초등학교 영어교육과정은 말하기 중심의 의사소통 교육을 강조하여 Literacy(문자교육) 부분이 부족한 면이 있습니다. 그래서 학생들이 Writing을 연습할 기회가 많지 않습니다. 이 책은 초등학생들의 자유 영작을 위한 기초를 제공해 주고 영어 쓰기를 통해 성취감을 느낄 수 있도록 하는데 그 목적을 두고 다음과 같은 특징을 갖추었습니다.

첫째, 친숙하고 흥미로운 소재를 통해 나의 이야기를 쓸 수 있도록 하였습니다. 초등학생들의 일기 주제는 상당 부분 내 주변의 사람들, 내가 자주 가는 장소들, 그리고 나의 일상 생활과 관련이 있습니다. 이러한 소소하지만 친근한 일상을 영어로 표현하여 간단하게나마 직접 자신이 영어로 일기를 쓸 수 있도록 하였습니다.

둘째, 초등학교 영어 교과서를 적극 반영하였습니다. 현재 초등학교에서 가장 많이 사용되는 네 종류의 영어 교과서를 철저히 분석하여 자주 나오는 주제와 중요 표현을 담아 자연스럽게 쓰기 활동으로 연계하였습니다. 꾸준히 계속 학습하다 보면 '아, 이거 학교에서 배웠던 내용이네!'라는 느낌이 있어 더 해보고 싶은 생각이 들 것입니다.

셋째, 단어에서 문장으로 자연스럽게 쓰기 활동을 확장하였습니다. 초등학생들이 영어쓰기를 가장 어려워하는 이유 중의 하나는 가지고 있는 기본적인 영어 자산이 부족하기 때문입니다. 쓰고 싶어도 단어를 몰라서 시작조차 못하는 경우가 많습니다.

그래서 우선 필요한 어휘를 제시하고 간단한 문장 구조를 연습하고 이를 이용하여 짧게나마 '나의 이야기'를 쓸 수 있도록 하였습니다.

넷째, 어려운 문법 용어는 가급적 피하고 아이들이 이해하기 쉬운 문장으로 설명하였습니다. 주어, 동사, 목적어, 형용사와 같은 문법 용어를 되도록 쓰지 않았으며 영어 문장 옆에 우리말 설명을 넣어 이해를 도왔습니다. 시중에 나온 Writing 교재들 중에는 지시문과 설명이 영어로 되어 있어 혼자 공부하기 어려운 경우가 많습니다. Writing을 하기도 전에 Reading이 안 되어 좌절감을 느끼지 않도록 쉬운 우리말로 설명하여 학습자의 이해를 도왔습니다.

마지막으로 이 책은 문법이 아닌 주제(topic)를 중심으로 단원을 구성하였습니다. Writing은 주제를 정하는 것부터 시작합니다. 쓰기를 통해 문법을 공부하는 것이지 문법을 쓰기에 적용하는 것이 아닙니다. 주제를 정하고 그에 필요한 어휘와 문법 핵심을 간단히 제시하여 쉽게 쓸 수 있도록 하였습니다.

아울러 이 책은 엄마 없이 혼자 할 수 있도록 만들었지만 엄마의 역할이 없는 것은 아닙니다. 엄마의 역할은 바로 '칭찬'입니다. Writing은 무엇이든 써보는 것이 중요합니다. 문법이 맞는지 스펠링이 맞는지 고민하는 순간 아무것도 할 수 없게 됩니다. 아이가 맞든 틀리든 무엇이라도 썼다면 무조건 칭찬해주십시오. 절대 틀린 것을 고쳐주거나 가르치지 마시고, 그저 한 권의 책이 끝난 순간 대단하다고 감탄의 눈길을 보내주어야 합니다. 작은 실수나 오류는 서서히 학습하며 스스로 수정하는 능력이 생깁니다. 한 권이 마무리 되면 마음껏 별표도 그려 주시고 훌륭하다고 북돋아 주십시오. 무엇인가 영어로 썼다면 그것으로 첫 발을 내딛는데 성공한 것이며 성취감을 느끼는 경험은 쌓이게 됩니다. 조급해 하지 말고 믿고 바라봐주는 것이 엄마의 역할일 것입니다.

장혜원 · 이은진 선생님

ABOUT THIS BOOK

흥미로운 주제 중심 단원 구성

단원은 크게 세 부분으로 '내 주변 사람들', '내 주변 장소들', '나의 일상'과 같이 아이들에게 친숙하고 흥미로운 주제를 다루고 있으며 각각의 Week(주)은 큰 주제와 관련된 세 개의 Unit으로 나뉘어져 있어 학습자가 주제별로 쉽게 영어 문장을 만들 수 있습니다.

초등 학교 영어 교과서 단원과 연계 학습

현재 초등학교에서 사용되고 있는 영어 교과서를 철저히 분석 한 후, 자주 나오는 주제와 중요 표현을 쓰기 활동과 연계하여 더욱 재미있고 쉽게 쓰기 학습을 할 수 있습니다.

초등 필수 단어와 문법 학습

주제와 관련된 단어들이 색깔별로 구분되어 있어 단어 학습을 더욱 짜임새 있게 할 수 있습니다. (초등 단어 ➡ 검정색, 중 · 고등 단어 ➡ 초록색, 기타 주제어 ➡ 파란색) 그리고 가급적 문법을 동사, 형용사, 명사와 같은 어려운 용어가 아닌 이해 하기 쉬운 문장으로 설명하고 있어서 학습자에게 꼭 필요한 기초적인 문법을 재미있게 학습할 수 있습니다.

단계별 문장 쓰기 연습 문제

단어와 구문, 문장의 순서로 단계별로 글쓰기를 연습해 볼 수 있는 다양한 문제들이
수록되어 있어 쉽게 영어 문장을 만들 수 있습니다.

단어에서 문장으로 자연스럽게 쓰기 활동 확장

쓰기 활동은 Controlled Writing(통제 쓰기), Guided Writing(유도 쓰기), Editing(편집)에서 Free Writing(자유 작문)
으로 확장되는 형태이기 때문에, 이러한 과정을 통해 학습자는 짧게나마 '나의 이야기'를 쓸 수 있습니다.

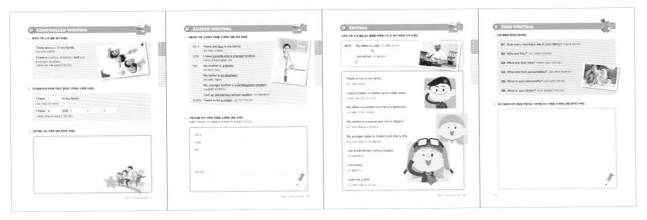

자신의 쓰기 실력을 평가할 수 있는 Review

Week(주) 공부가 끝날 때마다 수록되어 있는 Review(복습)를 통해 지금까지 배운 내용을 종합적으로 확인해 볼 수
있습니다. 그리고 Genre Wring(장르별 쓰기)을 통해 실제 영어 쓰기가 이루어지는 상황에서 배운 표현을 한 번 더
연습할 수 있습니다.

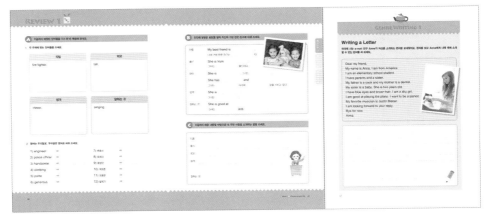

CONTENTS

STUDY CHECK

매일 매일 공부한 양을 스스로 달력에 적어 넣어 보세요. 양의 적고 많음은 중요하지 않아요.
영어 쓰기는 매일 꾸준히 하는 것이 더 중요하지요.

RECORD YOUR STUDYING

WEEK 1	날짜						
	공부한 페이지						
	확인						
WEEK 2	날짜						
	공부한 페이지						
	확인						
WEEK 3	날짜						
	공부한 페이지						
	확인						

WEEK 1

People around Me

UNIT 1 My Family
우리 가족 소개하기

 KEY SENTENCE

1 I have two older sisters.

2 I want to be a cook.

3 My father is gentle.

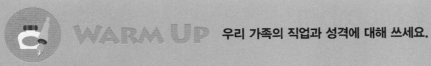

WEEK 1
WEEK 2
WEEK 3

My Family

 father

성격 :

직업 :

 mother

성격 :

직업 :

 me

성격 :

장래희망 :

 brother

성격 :

직업 :

sister

성격 :

직업 :

 생각해 보세요.

▶ 나는 어떤 일을 하고 싶은가요?

▶ 왜 그 일을 하고 싶은가요?

▶ 특이한 직업에는 무엇이 있나요?

Family Member 가족 구성원

우리 가족에 대한 글을 써요.

A WORDS

1 알고 있는 단어에 동그라미 하세요.

> mother 엄마   father 아빠   parents 부모님   brother 형제   older brother 형, 오빠
>
> younger brother 남동생   sister 자매   older sister 언니, 누나   younger sister 여동생
>
> grandfather 할아버지   grandmother 할머니   aunt 고모, 이모   uncle 삼촌   cousin 사촌
>
> family 가족   member 구성원

2 우리말은 영어로, 영어는 우리말로 쓰세요.

mother		고모, 이모	
father		언니, 누나	
parents		삼촌	
brother		형, 오빠	
family		구성원	

3 새로 알게 된 단어를 세 개 골라 세 번씩 쓰세요.

B WRITING POINT

Point 1 영어 대문자는 언제 사용할까요?

I have one older sister. 나는 언니 한 명이 있다.

He is my younger brother. 그는 내 남동생이다.

My name is **J**eongwoo. **I** live in **S**eoul. 내 이름은 정우다. 나는 서울에 산다.

'나'를 뜻하는 I는 항상 대문자로 써요. 그리고 문장을 시작할 때에나 사람의 이름, 특정 사물, 지역, 고유 명칭, 요일
도 대문자로 시작해요.

1 잘못된 곳을 찾아 바르게 고쳐 쓰세요.

1) i have a brother.　　　　　➡ _____

2) My uncle lives in busan.　➡ _____

3) I have a sister. she is pretty.　➡ _____

Point 2 하나일 때와 둘 이상일 때 어떻게 표현이 달라질까요?

I have **one** younger brother. 나는 남동생이 한 명 있다.

I have **two** older brother**s**. 나는 오빠가 두 명 있다.

한 명일 때 단어 앞에 'a (an)'나 숫자 'one'을 붙여요. 두 명 이상일 때는 숫자
를 앞에 쓰고 단어 뒤에 's'를 붙여요.

2 괄호 안에서 맞는 것을 고르세요.

1) I have (one / two) uncle.

2) I have two (sister / sisters).

3) I have (an / three) older brothers.

Tip

외동은 the only child
라고 해요.

I'm the only child.
나는 외동이다.

C EXERCISE

1 빈칸에 알맞은 것을 보기에서 골라 쓰세요.

> **[보기]** five, child, older, younger, grandfather

1) I am the only _____ .

2) I have a _____ sister.

3) There are _____ in my family.

2 순서대로 표에서 골라 우리말에 맞게 영어로 쓰세요.

I have	one	younger	brother(s).
	two	older	sister(s).
	three		

1) 나는 형이 한 명 있다.　　　　　　　➡　I have one older brother.

2) 나는 오빠가 두 명 있다.　　　　　　➡ _____

3) 나는 여동생이 한 명 있다.　　　　　➡ _____

4) 나는 남동생이 세 명 있다.　　　　　➡ _____

3 괄호 안의 단어를 우리말에 맞게 배열하세요.

1) 나는 누나가 한 명 있다. (have / one / sister / older)

　➡　I have one older sister.

2) 나는 남동생이 두 명 있다. (two / have / younger / brothers)

　➡　I _____

3) 나는 여동생 한 명과 오빠 두 명이 있다.

　(older / have / younger / brothers / sister / one / two / and)

　➡　I _____

4) 나는 언니 두 명과 남동생 한 명이 있다.

　(younger / have / two / sisters / one / and / brother / older)

　➡　I _____

D CONTROLLED WRITING

1 정우의 가족 소개 글을 읽어 보세요.

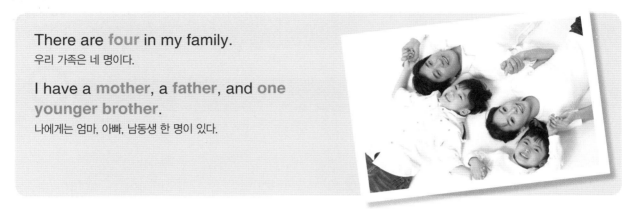

There are **four** in my family.
우리 가족은 네 명이다.

I have a **mother**, a **father**, and **one younger brother**.
나에게는 엄마, 아빠, 남동생 한 명이 있다.

2 우리말에 맞게 빈칸에 주어진 철자로 시작하는 단어를 쓰세요.

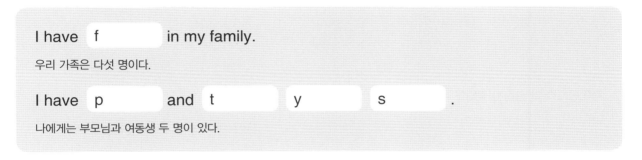

I have f   in my family.

우리 가족은 다섯 명이다.

I have p   and t   y   s   .

나에게는 부모님과 여동생 두 명이 있다.

3 정우처럼 나의 가족에 대해 영어로 쓰세요.

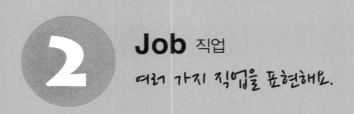 

2 Job 직업

여러 가지 직업을 표현해요.

A WORDS

1 알고 있는 단어에 동그라미 하세요.

> police officer 경찰관   nurse 간호사   doctor 의사   dentist 치과의사   teacher 교사   actor 남자배우
>
> actress 여자배우   writer 작가   cook 요리사   scientist 과학자   model 모델   musician 음악가
>
> artist 화가   fire fighter 소방관   pilot 비행사   engineer 기술자   baker 제빵사
>
> stay-at-home mom(dad) 주부   lawyer 변호사

2 주어진 단어와 관련된 직업을 위에서 찾아 빈칸에 쓰세요.

```
┌──────────┐                    ┌──────────┐
│          │                    │          │
└──────────┘                    └──────────┘
      │                               │
 ┌─────────┐                    ┌─────────┐
 │ hospital │                    │   KBS   │
 └─────────┘                    └─────────┘
   │      │                       │      │
┌─────┐ ┌─────┐             ┌─────┐ ┌─────┐
│     │ │     │             │     │ │     │
└─────┘ └─────┘             └─────┘ └─────┘
```

3 새로 알게 된 단어를 세 개 골라 세 번씩 쓰세요.

_____

_____

_____

_____

_____

B WRITING POINT

Point 1   a와 an의 차이를 알아볼까요?

My father is **an engineer**. 우리 아빠는 기술자다.

My older sister is **an actress**. 우리 누나는 배우다.

engineer, actor처럼 a, e, i, o, u로 시작하는 단어 앞에는 'a' 대신 'an'을 붙여요.

1 잘못된 곳을 찾아 바르게 고쳐 쓰세요.

1) He is a actor. _____

2) She is an teacher. _____

3) I am a elementary school student. _____

Tip
유치원생은 'a kindergarten student',
초등학생은 'an elementary school student',
중학생은 'a middle school student',
고등학생은 'a high school student'라고 해요.

Point 2   장래희망을 나타내는 표현을 알아볼까요?

I want to be a model. 나는 모델이 되고 싶다.

I want to be a fire fighter. 나는 소방관이 되고 싶다.

'I want to be a ~' 는 '나는 ~이 되고 싶다'는 뜻이에요. '~' 부분에 자신이 하고 싶은 직업을 넣으면 돼요.

'I want to ~'는 '나는 ~하고 싶다'는 뜻이며 to 다음에는 동사의 원래 형태를 써 주세요.

2 괄호 안에서 맞는 것을 고르세요.

1) I want (to / to be) swim.

2) I want to be a (sing / dentist).

3) I want to (be / being) a good doctor.

1 빈칸에 알맞은 것을 보기에서 골라 쓰세요.

> **[보기]** job, actor, actress, a model, kindergarten student

1) I want to be _____ .

2) My older brother is an _____ .

3) My younger sister is a _____ .

2 순서대로 표에서 골라 우리말에 맞게 영어로 쓰세요.

My	mother	is		a	baker.
	father			an	doctor.
I		want to be			engineer.
					writer.

1) 우리 아빠는 작가다.　　　　　⟹ My father is a writer.

2) 우리 엄마는 제빵사다.　　　　⟹ _____

3) 나는 의사가 되고 싶다.　　　　⟹ _____

4) 나는 기술자가 되고 싶다.　　　⟹ _____

3 괄호 안의 단어를 우리말에 맞게 배열하세요.

1) 우리 삼촌은 과학자다. (a / is / scientist / uncle)

　⟹ My uncle is a scientist.

2) 우리 엄마는 주부다. (mother / a / is / stay-at-home mom)

　⟹ My _____

3) 우리 형은 고등학생이다. (high school student / a / older / brother / is)

　⟹ My _____

4) 우리 이모는 고등학교 선생님이다. (high school / a / teacher / aunt / is)

　⟹ My _____

D GUIDED WRITING

1 지훈이의 가족 구성원과 직업을 소개하는 글을 읽어 보세요.

가족 수   There are <u>four</u> in my family.
우리 가족은 네 명이다.

구성원   I have <u>parents and a younger brother</u>.
나에게는 부모님과 남동생이 있다.

직업   My mother is <u>a doctor</u>.
우리 엄마는 의사다.

My father is <u>an engineer</u>.
우리 아빠는 기술자다.

My younger brother is <u>a kindergarten student</u>.
내 남동생은 유치원생이다.

I am <u>an elementary school student</u>. 나는 초등학생이다.

장래희망   I want to be <u>a singer</u>. 나는 가수가 되고 싶다.

2 지훈이처럼 우리 가족의 직업을 소개하는 글을 쓰세요.
(밑줄 친 부분을 나의 상황에 맞게 바꿔보면 쉽게 쓸 수 있어요.)

가족 수

구성원

직업

장래 희망

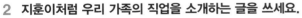

3 Personality 성격

다양한 성격을 묘사해요.

WORDS

1 알고 있는 단어에 동그라미 하세요.

> funny 재미있는 nice 착한, 멋진 good 착한 sweet 다정한 kind 친절한 shy 수줍어하는 strict 엄격한
>
> generous 너그러운 active 활동적인 sensitive 예민한 gentle 자상한 lazy 게으른 clever 영리한
>
> friendly 다정한 diligent 부지런한

2 나의 성격을 묘사할 수 있는 단어를 위에서 골라 쓰세요.

3 새로 알게 된 단어를 세 개 골라 세 번씩 쓰세요.

B WRITING POINT

Point 1 성격을 표현할 때 주의할 점을 알아볼까요?

I **am shy**. 나는 부끄러움이 많다.

She **is kind**. 그녀는 친절하다.

He **is friendly**. 그는 다정하다.

성격을 나타내는 단어는 'am / is / are' 뒤에 오며 성격을 묘사하는 단어 앞에는 'a'나 'an'을 쓰지 않아요. 성격은 하나, 둘로 셀 수 없기 때문이지요.

1 잘못된 곳을 찾아 바르게 고쳐 쓰세요.

1) He is teacher. ➡ _____

2) David is an active. ➡ _____

3) My grandmother is a generous. ➡ _____

Point 2 반복되는 말을 바꿔볼까요?

My father is a cook. **He** is gentle. 우리 아빠는 요리사다. 그는 자상하다.

My mother is a teacher. **She** is kind. 우리 엄마는 선생님이다. 그녀는 친절하다.

인물이나 이름, 호칭을 반복하는 대신 남자는 'he'(그), 여자는 'she'(그녀)로 표현해요. "My brother is a student. My brother is nice."보다는 "My brother is a student. He is nice."가 더 자연스러운 표현이에요.

2 괄호 안에서 맞는 것을 고르세요.

1) My (mother / father) is a dentist. She is kind.

2) My (aunt / uncle) is a musician. She is very diligent.

3) My older brother is a middle school student. (She / He) is active.

C EXERCISE

1 빈칸에 알맞은 것을 보기에서 골라 쓰세요.

> **[보기]** I, He, She, sister, brother

1) _____ want to be a teacher.

2) My mother is a nurse. _____ is sweet.

3) My _____ is a student. He is clever.

2 순서대로 표에서 골라 우리말에 맞게 영어로 쓰세요.

He She		is	kind. strict.
My	father brother		clever. lazy.

1) 그녀는 친절하다. ➡ She is kind.

2) 우리 형은 엄격하다. ➡ _____

3) 우리 아빠는 게으르다. ➡ _____

4) 그는 영리하다. ➡ _____

3 괄호안의 단어를 우리말에 맞게 배열하세요.

1) 우리 아빠는 재미있다. (father / funny / is)
   ➡ My father is funny.

2) 내 친구 미영이는 부끄러움을 탄다. (shy / friend / is / Miyeong)
   ➡ My _____

3) 우리 엄마는 요리사다. 그녀는 예민하다. (mother / sensitive / is / a cook / she / is)
   ➡ My _____

4) 우리 언니는 활동적이고 다정하다. (sister / active / older / is / sweet / and)
   ➡ My _____

D EDITING

시우의 가족 소개 글을 읽고 <u>잘못된</u> 부분을 다섯 곳 찾아 바르게 고쳐 쓰세요.

[보기]   My father is cook. 우리 아빠는 요리사다.
                              a

          i am active. 나는 활동적이다.
          I

There is four in my family.

우리 가족은 네 명이다.

I have a father, a mother and a older sister.

나에게는 아빠, 엄마, 언니가 있다.

My father is a soldier and he is a generous.

우리 아빠는 군인이고 자상하다.

My mother is a lawyer and she is diligent.

우리 엄마는 변호사이고 부지런하다.

My younger sister is student and she is shy.

우리 언니는 학생이고 부끄러움이 많다.

I am a elementary school student.

나는 초등학생이다.

I am active.

나는 활동적이다.

I want be a pilot.

나는 비행기 조종사가 되고 싶다.

E FREE WRITING

1 다음 물음에 영어로 답하세요.

> **Q1**. How many members are in your family? 가족은 몇 명인가요?
>
> **Q2**. Who are they? 가족 구성원은 누구인가요?
>
> **Q3**. What are their jobs? 가족들의 직업은 무엇인가요?
>
> **Q4**. What are their personalities? 그들의 성격은 어떠한가요?
>
> **Q5**. What is your personality? 당신의 성격은 어떤가요?
>
> **Q6**. What is your dream? 당신의 장래희망은 무엇인가요?

2 위의 질문에 대한 대답을 바탕으로 시우처럼 우리 가족을 소개하는 글을 영어로 쓰세요.

가족에 대해서 잘 공부했나요? 보기에 있는 단어들을 퍼즐에서 찾아보세요.

[보기]

UNCLE

FATHER

MOTHER

SISTER

BROTHER

AUNT

FAMILY

MEMBER

C	E	H	R	P	M	P	E	R	T
O	L	X	N	E	A	T	E	Q	R
U	C	I	G	R	H	H	X	M	E
S	N	J	E	K	T	T	O	I	B
I	U	N	C	O	V	T	A	H	M
N	T	H	R	N	H	X	K	F	E
S	Z	B	M	E	A	U	N	T	M
E	O	B	R	Y	L	I	M	A	F
T	S	I	S	T	E	R	V	I	Y
B	I	Q	S	V	A	U	Q	D	D

UNIT 2

My Friend
내 친구 소개하기

 KEY SENTENCE

1. I have short hair.
2. She is taller than me.
3. Minho is from Japan.

WARM UP 외모를 묘사하는 말을 보기에서 찾아 빈칸에 쓰세요.

tall

[보기]   tall, thin, small eye, big eye, blue eye, black eye,
brown hair, long hair, short hair

 생각해 보세요.

▶ 나와 가장 친한 친구는 누구인가요?
▶ 우리 반에서 가장 키가 큰 친구는 누구인가요?
▶ 우리 반에 다른 나라에서 온 친구가 있나요?

1 Look 모습

친구들의 모습을 묘사해요.

A WORDS

1 알고 있는 단어에 동그라미 하세요.

> tall 키가 큰   short 키가 작은   fat 뚱뚱한   thin 마른   old 나이가 든   young 어린   strong 힘 센, 강한
>
> weak 약한   cute 귀여운   plump 통통한   slim 날씬한
>
> brown hair 갈색 머리   black hair 검은색 머리   long hair 긴 머리   short hair 짧은 머리
>
> straight hair 생머리   curly hair 곱슬 머리   big eyes 큰 눈   small eyes 작은 눈
>
> blue eyes 파란 눈   dark skin 어두운 피부   a big nose 큰 코   big ears 큰 귀   blonde 금발

2 우리말은 영어로, 영어는 우리말로 쓰세요.

short		키가 큰	
strong		통통한	
young		큰 눈	
straight hair		어두운 피부	
blue eyes		날씬한	

3 새로 알게 된 단어를 세 개 골라 세 번씩 쓰세요.

30

B WRITING POINT

Point 1 외모를 묘사할 때 어떤 표현을 쓸까요?

I am tall. 나는 키가 크다.

You are strong. 너는 힘이 세다.

He is short. 그는 키가 작다.

성격이나 성질, 외모를 묘사하는 단어는 'am / is / are' 뒤에 쓰이는 데 이 때 I는 am과, You나 여러 명을 지칭하는 주어는 are과 쓰이고, 이외에 He나 She 혹은 한 명을 지칭하는 모든 주어 뒤에는 is를 써요.

> **Tip**
> fat(뚱뚱한)이나 thin(마른)은 상대방의 기분을 상하게 할 수 있기 때문에 plump(통통한)이나 slim(날씬한)으로 사용하기도 해요.

1 잘못된 곳을 찾아 바르게 고쳐 쓰세요.

1) I are strong.　　　　　⇒ _____

2) Minsu am tall.　　　　　⇒ _____

3) She am young.　　　　　⇒ _____

Point 2 have와 has의 차이점은 무엇일까요?

I **have** short hair. 나는 머리가 짧다.

He **has** blue eyes. 그는 파란색 눈을 가지고 있다.

She **has** a big nose. 그녀는 코가 크다.

---

have (has) 뒤에 눈, 코, 입 등의 신체부위의 색이나 크기를 묘사하는 말을 쓸 수 있어요. I나 You에는 have를 He나 She 혹은 한 명을 지칭하는 모든 주어 뒤에는 has를 써요.

2 괄호 안에서 맞는 것을 고르세요.

> **Tip**
> 몸에 걸치는 것은 wear를 사용해요.
> **I wear glasses.**
> 나는 안경을 쓴다.

1) I (have / has) dark skin.

2) He has a big (ears / nose).

3) She (have / has) straight hair.

1 빈칸에 알맞은 것을 보기에서 골라 쓰세요.

> [보기] slim, want, wears, big nose, short hair

1) She is _____ .

2) Jina has _____ .

3) My younger sister _____ glasses.

2 순서대로 표에서 골라 우리말에 맞게 영어로 쓰세요.

He	is	tall.
She	has	short.
		long hair.
		slim.

1) 그는 키가 크다. ➡ He is tall.

2) 그는 키가 작다. ➡ _____

3) 그녀는 날씬하다. ➡ _____

4) 그녀는 머리가 길다. ➡ _____

3 괄호 안의 단어를 우리말에 맞게 배열하세요.

1) 그는 키가 작다. (is / short)
   ➡ He is short.

2) 그녀는 머리가 곱슬이다. (hair / curly / has)
   ➡ She _____

3) 그녀는 키가 크고 날씬하다. (slim / tall / and / is)
   ➡ She _____

4) 그는 작은 눈을 가지고 있다. (small / has / eyes)
   ➡ He _____

D CONTROLLED WRITING

1 찬노가 친구를 묘사한 글을 읽어 보세요.

My friend Jeongwoo has **black hair** and **big ears**.
내 친구 정우는 검은색 머리와 큰 귀를 가지고 있다.

He is **tall**. He is **active** and **kind**.
그는 키가 크다. 그는 활동적이고 친절하다.

2 우리말에 맞게 빈칸에 주어진 철자로 시작하는 단어를 쓰세요.

Yeongju is my best friend. She has b⎵⎵⎵⎵⎵ h⎵⎵⎵⎵⎵ .
영주는 나의 가장 친한 친구다. 그녀는 머리가 갈색이다.

She is s⎵⎵⎵⎵ and cute.
그녀는 키가 작고 귀엽다.

3 찬노처럼 자신의 친구를 묘사하는 글을 영어로 쓰세요.

2 Difference 차이 비교

친구들의 모습을 비교해요.

A WORDS

1 알고 있는 단어에 동그라미 하세요.

big 큰 – bigger 더 큰 – biggest 가장 큰   small 작은 – smaller 더 작은 – smallest 가장 작은

tall 키가 큰 – taller 키가 더 큰 – tallest 가장 키가 큰

short 키가 작은 – shorter 키가 더 작은 – shortest 키가 가장 작은

long 긴 – longer 더 긴 – longest 가장 긴   strong 강한 – stronger 더 강한 – strongest 가장 강한

fast 빠른 – faster 더 빠른 – fastest 가장 빠른   slow 느린 – slower 더 느린 – slowest 가장 느린

2 두 동물을 비교할 수 있는 단어를 위에서 찾아 쓰세요.

smaller

3 새로 알게 된 단어를 세 개 골라 세 번씩 쓰세요.

B WRITING POINT

Point 1 더 잘하는 것은 어떻게 표현할까요?

Bori is strong**er than** me. 보리는 나보다 힘이 더 세다.

Yujin is tall**er than** me. 유진이는 나보다 키가 더 크다.

big, small 등의 상태를 표현하는 단어의 뒤에 '–er'을 붙이면 '더 ～한'이라는 뜻이 돼요. '–er than A'는 'A보다 더 ～한'이라는 뜻이에요.

1 잘못된 곳을 찾아 바르게 고쳐 쓰세요.

1) He is faster to me. ➡ _____

2) Tina is young than me. ➡ _____

3) I am short than my father. ➡ _____

Tip
big(큰)을 '더 큰'이라고 바꿀 때는 g를 한 번 더 써서 bigger라고 해요.

Point 2 가장 키가 큰 친구는 어떻게 표현할까요?

Mari is **the** tall**est** girl in my class. 마리는 우리 반에서 키가 가장 크다.

Myeongjin is **the** fast**est** boy in my school. 명진이는 우리 학교에서 가장 빠른 소년이다.

'가장 ～한'이라는 표현은 상태를 나타내는 단어(형용사) 앞에 'the', 뒤에는 '–est'를 붙여 주면 됩니다.

2 괄호 안에서 맞는 것을 고르세요.

1) I am the (shortest / shorter) boy.

2) Jenny is (a / the) strongest girl in my class.

3) She is (fastest / the fastest) girl in my school.

Tip
우리 반에서 = in my class
우리 학교에서 = in my school

C EXERCISE

1 빈칸에 알맞은 것을 보기에서 골라 쓰세요.

> [보기] tall, kind, more, faster, biggest

1) Jason is _____ and thin.

2) Yuri is _____ than Suyoung.

3) My friend Nami is the _____ girl in my class.

2 순서대로 표에서 골라 우리말에 맞게 영어로 쓰세요.

I	am	taller	than	my father.
He She	is	bigger stronger faster		me.

1) 그는 나보다 더 빠르다. ➡ He is faster than me.

2) 그녀는 나보다 힘이 세다. ➡ _____

3) 나는 아빠보다 키가 더 크다. ➡ _____

4) 그는 우리 아빠보다 몸집이 더 크다. ➡ _____

3 괄호 안의 단어를 우리말에 맞게 배열하세요.

1) 그는 나보다 몸집이 더 크다. (is / than / me / bigger)
   ➡ He is bigger than me.

2) 미나는 학교에서 키가 가장 크다. (tallest / in / my / school / is / the / girl)
   ➡ Mina _____

3) 준수는 우리 반에서 가장 빠르다. (fastest / the / is / class / my / in / boy)
   ➡ Junsu _____

4) 에이미는 준수보다 몸집이 더 작다. (Junsu / smaller / is / than)
   ➡ Amy _____

D GUIDED WRITING

1 인우가 친구를 소개하는 글을 읽어 보세요.

친구이름   Seongmin is my friend.
성민이는 내 친구다.

외모   He is <u>tall and thin</u>.
그는 키가 크고 날씬하다.

He has <u>big eyes</u> and <u>wears glasses</u>.
그는 큰 눈을 가졌고 안경을 쓴다.

비교   He is <u>taller</u> than me.
그는 나보다 크다.

He is the <u>fastest</u> boy in my class.
그는 우리 반에서 가장 빠른 소년이다.

2 인우처럼 자신의 친구를 소개하는 글을 영어로 쓰세요.
(밑줄 친 부분을 나의 상황에 맞게 바꿔보면 쉽게 쓸 수 있어요.)

친구 이름

외모

비교

▶

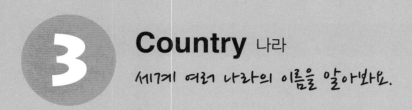 

3 Country 나라

세계 여러 나라의 이름을 알아봐요.

A WORDS

1 알고 있는 단어에 동그라미 하세요.

> Korea 한국   China 중국   Thailand 태국   Japan 일본   India 인도   Russia 러시아
>
> Poland 폴란드   France 프랑스   Germany 독일   America 미국   England 영국
>
> Canada 캐나다   Vietnam 베트남   Mongolia 몽골   Pakistan 파키스탄   Uzbekistan 우즈베키스탄
>
> The Philippines 필리핀   Brazil 브라질

2 빈칸에 알맞은 나라 이름을 위에서 찾아 쓰세요.

Korea

3 새로 알게 된 단어를 세 개 골라 세 번씩 쓰세요.

B WRITING POINT

Point 1　나라 이름을 쓸 때 주의할 점은 무엇일까요?

I am from **K**orea. 나는 한국 출신이다.

I am from **C**hina. 나는 중국 출신이다.

사람의 이름처럼 나라 이름도 단 하나뿐이므로 대문자로 시작해요.

1 잘못된 곳을 찾아 바르게 고쳐 쓰세요.

1) I am from france.　　➡ _____

2) He am from America.　➡ _____

3) Martin is from canada.　➡ _____

Tip

필리핀처럼 많은 섬으로 이루어진 나라들은 앞에 The를 쓰고 단어 끝에 여러 개를 나타내는 s를 붙여요.

The Philippines

Point 2　내가 태어난 곳을 소개할 때는 어떻게 할까요?

Sangil **is from** Vietnam. = Sangil **comes from** Vietnam. 상일이는 베트남 출신이다.

I **am from** Korea. = I **come from** Korea. 나는 한국 출신이다.

'~ 출신'이라는 말을 표현할 때에는 'is (am) from'이나 'come (comes) from'을 사용해요. He나 She 혹은 한 명을 지칭하는 모든 주어 뒤에는 comes를 써요.

Tip

'~ 출신'의 표현에는 나라뿐만 아니라 출신 지역이 올 수 있어요.

Jinsoo is from Seoul.
진수는 서울 출신이다.

2 괄호 안에서 맞는 것을 고르세요.

1) I am (from / for) Korea.

2) He (is / come) from Busan.

3) Judy (come / comes) from England.

1 빈칸에 알맞은 것을 보기에서 골라 쓰세요.

> [보기] is, am, are, have, from

1) I _____ from Canada.

2) Yunji _____ from Vietnam.

3) My friend Mike comes _____ America.

2 순서대로 표에서 골라 우리말에 맞게 영어로 쓰세요.

I	come	from	Korea.
			China.
He	comes		Russia.
She			India.

1) 나는 한국 출신이다. ➡ I come from Korea.

2) 나는 인도 출신이다. ➡ _____

3) 그는 중국 출신이다. ➡ _____

4) 그녀는 러시아 출신이다. ➡ _____

3 괄호 안의 단어를 우리말에 맞게 배열하세요.

1) 그는 서울 출신이다. (Seoul / from / is)
➡ He is from Seoul.

2) 나는 강원도 출신이다. (from / come / Gangwon-do)
➡ I _____

3) 그는 파키스탄 출신이다. (is / Pakistan / from)
➡ He _____

4) 그녀는 우즈베키스탄 출신이다. (from / Uzbekistan / comes)
➡ She _____

D EDITING

은재가 쓴 친구를 소개하는 글을 읽고 <u>잘못된</u> 부분을 다섯 곳 찾아 바르게 고쳐 쓰세요

[보기]   She are from Busan. 그녀는 부산 출신이다.

       is

Victor is my special friend.

빅토르는 나의 특별한 친구다.

He come from russia.

그는 러시아 출신이다.

He is tall and big.

그는 키가 크고 덩치도 크다.

He is short hair and a big nose.

그는 짧은 머리와 큰 코를 가지고 있다.

He is kind and shy.

그는 친절하고 부끄러움이 많다.

And he is a clever boy.

그리고 그는 똑똑한 소년이다.

He is biger than my older brother.

그는 우리 형보다 덩치가 더 크다.

He is the tallest boy my class.

그는 우리 반에서 가장 키가 크다.

1 다음 물음에 영어로 답하세요.

> **Q1**. Who is your special friend? 나의 특별한 친구는 누구인가요?
>
> **Q2**. Where is he / she from? 어디 출신인가요?
>
> **Q3**. What does he / she look like? 외모는 어떻게 생겼나요?
>
> **Q4**. What is his / her personality? 성격은 어떠한가요?
>
> **Q5**. What are his / her characteristics? 특징은 무엇인가요?

2 위의 질문에 대한 대답을 바탕으로 은재처럼 내 친구를 소개하는 글을 영어로 쓰세요.

CROSSWORD PUZZLE

앞에서 배운 단어들을 기억해 보세요. 가로(Across)와 세로(Down)에 해당하는 낱말을 영어로 써서 퍼즐을 완성하세요.

Across

2. 다정한, 친절한   4. 강한   6. 할머니   8. 키가 큰   9. 한국

Down

1. 선생님   3. 가장 큰   4. 과학자   5. 귀여운   7. 의사

UNIT 3 My Favorite People
내가 좋아하는 사람 소개하기

 KEY SENTENCE

1 My favorite entertainer is G-Dragon.

2 He is good at dancing.

3 She is the strongest girl.

교과서 연계 단원

★ **6학년** 천재(함) 5. What Does He Look Like?

14. What Do You Want to Be?

WARM UP 다음 그림의 인물의 직업을 보기에서 찾아 쓰세요.

singer

[보기]   singer, actress, hip-hop singer, comedian, idol group

생각해 보세요.

▶ 내가 가장 좋아하는 연예인은 누구인가요?
▶ 무슨 일을 하는 연예인인가요?
▶ 그(그녀)가 잘하는 것은 무엇인가요?

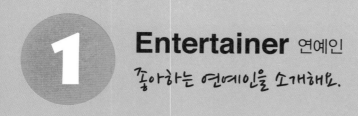

1 Entertainer 연예인

좋아하는 연예인을 소개해요.

A WORDS

1 알고 있는 단어에 동그라미 하세요.

> entertainer 연예인   comedian 개그맨   dance singer 댄스 가수   action star 액션 배우
>
> play actor 연극 배우   ballad singer 발라드 가수   hip-hop singer 힙합 가수   rapper 래퍼
>
> musical actor 뮤지컬 배우   idol group 아이돌 그룹
>
> ugly 못생긴   polite 예의 바른   handsome 잘생긴   modest / humble 겸손한
>
> good-looking 잘생긴

2 우리말은 영어로, 영어는 우리말로 쓰세요.

play actor		겸손한	
comedian		잘생긴	
humble		예의 바른	
ugly		아이돌 그룹	

3 새로 알게 된 단어를 세 개 골라 세 번씩 쓰세요.

B WRITING POINT

Point 1   사람을 묘사하는 여러 방법을 알아볼까요?

Baro **is fun**. 바로는 재미있다.

He **is a fun man**. 그는 재미있는 사람이다.

She **is a kind girl**. 그녀는 착한 소년이다.

"He is kind." 대신 "He is a kind man (boy)."라고 표현할 수도 있어요. 여자일 경우에는 "She is a kind woman (girl)."이라고 하면 되겠지요?

1 잘못된 곳을 찾아 바르게 고쳐 쓰세요.

1) Lucy is a nice.   ➡ _____

2) Ted is lazy a boy.   ➡ _____

3) Namsu is kind boy.   ➡ _____

Point 2   내가 가장 좋아하는 것을 표현해 볼까요?

My **favorite** singer is Luna. 내가 가장 좋아하는 가수는 루나다.

Kim Yujeong is my **favorite** actress. 김유정은 내가 가장 좋아하는 배우다.

She is **a** singer and actress. 그녀는 가수이자 연기자다.

favorite은 '가장 좋아하는'이라는 뜻이에요. 한 명이 여러 가지 직업(역할)을 가지고 있다면 'a'는 한 번만 써요.
a wife and mother 아내이자 엄마   a teacher and writer 선생님이자 작가

2 괄호 안에서 맞는 것을 고르세요.

1) Yuna is (I / my) favorite entertainer.

2) My (like / favorite) actor is Gongyu.

3) Suji is a singer and (an actress / actress).

Tip

요즘 노래도 하고 연기, 예능까지 하는 재주 많은 연예인을 '만능 엔터테이너'라고 하지요? 영어로는 'multi-talented entertainer'라고 해요.

C EXERCISE

1 빈칸에 알맞은 것을 보기에서 골라 쓰세요.

> [보기] actor, actress, singer, favorite, multi-talented

1) He is a _____ and actor.

2) Lee Seunggi is a _____ entertainer.

3) My _____ actor is Kim Suhyeon.

2 순서대로 표에서 골라 우리말에 맞게 영어로 쓰세요.

I	am	a(an)	kind	boy.
He	is		active	girl.
She			pretty	man.
			lazy	woman.

1) 나는 게으른 소녀다 ➡ I am a lazy girl. _____

2) 그는 친절한 소년이다. ➡ _____

3) 그녀는 예쁜 여자다. ➡ _____

4) 나는 활동적인 남자다. ➡ _____

3 괄호 안의 단어를 우리말에 맞게 배열하세요.

1) 그녀는 내가 가장 좋아하는 가수다. (is / singer / favorite / my)
   ➡ She is my favorite singer.

2) 김우빈은 내가 가장 좋아하는 배우다. (favorite / is / actor / my)
   ➡ Kim Woobin _____

3) 그는 가수이자 뮤지컬 배우다. (is / and / musical actor / singer / a)
   ➡ He _____

4) 내가 가장 좋아하는 가수는 티파니다. (Tiffany / is / favorite / singer)
   ➡ My _____

D CONTROLLED WRITING

1 희정이가 좋아하는 연예인에 대한 글을 읽어 보세요.

Jenny is my favorite **singer**.
제니는 내가 가장 좋아하는 가수다.

She is a multi-talented entertainer.
그녀는 만능엔터테이너다.

She is **sweet** and **beautiful**.
그녀는 다정하고 아름답다.

2 우리말에 맞게 빈칸에 주어진 철자로 시작하는 단어를 쓰세요.

My f   entertainer is Yu Jaeseok.

내가 가장 좋아하는 연예인은 유재석이다.

He is a c   and MC. 그는 코미디언이며 진행자이다.

He is a f   man. 그는 재미있는 사람이다.

3 희정이처럼 좋아하는 연예인을 소개하는 글을 영어로 쓰세요.

2 Strength 장점
잘하는 것에 대해 표현해요.

A WORDS

1 알고 있는 단어에 동그라미 하세요.

> singing 노래하기   dancing 춤추기   cooking 요리하기   running 달리기   swimming 수영하기
>
> driving 운전하기   playing the piano 피아노 연주하기   playing the violin 바이올린 연주하기
>
> playing soccer 축구 하기   playing basketball 농구 하기   climbing a mountain 등산 하기
>
> reading English books 영어책 읽기

2 내가 할 수 있는 것을 위에서 골라 쓰세요.

나

3 새로 알게 된 단어를 세 개 골라 세 번씩 쓰세요.

50

B WRITING POINT

Point 1　내가 잘하는 것을 영어로 표현해 볼까요?

I **am good at** running. 나는 달리기를 잘한다.

She **is good at** singing. 그녀는 노래를 잘한다.

'~을 잘한다'라고 하고 싶을 때 자주 쓰는 표현은 'is / am good at ~'이에요. at 뒤에는 swimming, running, cooking, driving, playing the piano, playing soccer와 같은 표현이 들어갈 수 있어요.

1 잘못된 곳을 찾아 바르게 고쳐 쓰세요.

1) He is good at swim. ➡ _____

2) I am good to cooking. ➡ _____

3) She has good at playing the piano. ➡ _____

Point 2　악기와 운동을 표현할 때 무엇이 다른지 알아볼까요?

I am good at playing **the piano**. 나는 피아노 연주를 잘한다.

He is good at playing **soccer**. 그는 축구를 잘한다.

악기 앞에는 the를 붙이고, 운동에는 the를 붙이지 않아요.

2 괄호 안에서 맞는 것을 고르세요.

1) Seojin is good at playing (the / a) violin.

2) He is good at (swimming / the swimming).

3) Jisu is good at (play / playing) badminton.

C EXERCISE

1 빈칸에 알맞은 것을 보기에서 골라 쓰세요.

[보기] run, kind, piano, soccer, singing

1) I am good at _____.

2) He is good at playing _____.

3) Sunho is good at playing the _____.

2 순서대로 표에서 골라 우리말에 맞게 영어로 쓰세요.

I	am	good at	dancing.
He She	is		playing the piano. swimming. playing baseball.

1) 나는 춤을 잘 춘다. ➡ I am good at dancing.

2) 그는 야구를 잘한다. ➡ _____

3) 그녀는 수영을 잘한다. ➡ _____

4) 나는 피아노를 잘 친다. ➡ _____

3 괄호 안의 단어를 우리말에 맞게 배열하세요.

1) 보라는 달리기를 잘한다. (running / good / is / at)
   ➡ Bora is good at running.

2) 하하는 운전을 잘한다. (good / is / at / driving)
   ➡ Haha

3) 태현이는 춤을 잘 춘다. (good / at / is / dancing)
   ➡ Taehyeon

4) 헨리는 바이올린 연주를 잘한다. (is / violin / at / good / the / playing)
   ➡ Henry

D GUIDED WRITING

1 소영이가 좋아하는 연예인에 대해 쓴 글을 읽어 보세요.

좋아하는 연예인　My favorite entertainer is <u>Kim Minseok</u>.
내가 가장 좋아하는 연예인은 김민석이다.

하는 일　　　He is a <u>multi-talented entertainer</u>. 그는 만능 엔터테이너다.

He is a <u>singer</u>. 그는 가수다.

외모 / 성격　　He is <u>fun and active</u>. 그는 재미있고 활동적이다.

He has <u>small eyes</u>. 그는 눈이 작다.

잘하는 것　　He is good at <u>singing</u>.
그는 노래를 잘한다.

He is good at <u>running</u>, too.
그는 달리기도 잘한다.

2 소영이처럼 내가 좋아하는 연예인을 소개하는 글을 영어로 쓰세요.
(밑줄 친 부분을 내가 좋아하는 연예인의 상황에 맞게 바꾸면 쉽게 쓸 수 있어요.)

좋아하는 연예인

하는 일

외모 / 성격

잘하는 것

Best 최고

'제일', '최고'라는 표현을 써서 연예인을
묘사해요.

A WORDS

1 알고 있는 단어에 동그라미 하세요.

> beautiful 아름다운 - more beautiful 더 아름다운 - the most beautiful 가장 아름다운
>
> interesting 재미있는 - more interesting 더 재미있는 - the most interesting 가장 재미있는
>
> difficult 어려운 - more difficult 더 어려운 - the most difficult 가장 어려운
>
> exciting 흥미로운 - more exciting 더 흥미로운 - the most exciting 가장 흥미로운
>
> famous 유명한 - more famous 더 유명한 - the most famous 가장 유명한
>
> popular 인기 있는 - more popular 더 인기 있는 - the most popular 가장 인기 있는

2 단어의 형태를 분류해서 알맞은 곳에 써 넣으세요.

-est	fast. slow. popular. big. difficult. tall. exciting	most
oldest		most beautiful

3 새로 알게 된 단어를 세 개 골라 세 번씩 쓰세요.

_____

_____

_____

_____

_____

B WRITING POINT

Point 1 비교하는 표현을 알아볼까요?

He is **more popular than** me. 그는 나보다 더 인기가 있다.

Yunji is **more beautiful than** Sohui. 윤지는 소희보다 더 아름답다.

'더 ～한'이라는 표현을 할 때 faster처럼 단어 끝에 '～er'을 붙였던 것을 기억하나요? 좀 긴 단어는 '～er'대신 단어 앞에 따로 more을 써요. 'more ～ than A'는 'A보다 더 ～한'이라는 뜻이에요.

1 잘못된 곳을 찾아 바르게 고쳐 쓰세요.

1) She is popularer than me.　　➡ _____

2) He is more famous to Gary.　　➡ _____

3) Suyeong is more beautifuler than Yuna.　➡ _____

Point 2 최상을 표현하는 방법을 하나 더 알아볼까요?

He is **the most** popular comedian. 그는 가장 인기가 있는 개그맨이다.

She is **the most** beautiful woman. 그녀는 가장 아름다운 여자다.

Infinite Challenge is **the most** exciting program. '무한도전'은 가장 재미있는 프로그램이다.

fastest처럼 '가장 ～한'이라는 표현은 단어 뒤에 '～est'를 붙여 주었던 것을 기억하나요? 좀 긴 단어는 '～est'대신 단어 앞에 따로 the most를 써요.

2 괄호 안에서 맞는 것을 고르세요.

1) She is (a / the) most famous woman.

2) He is the (more / most) popular man.

3) Jiwon is the most (kind / beautiful) girl.

Tip
프로그램의 이름을 나타낼 때에는
기울임체로 나타내요.
Infinite Challenge '무한도전'

C EXERCISE

1 빈칸에 알맞은 것을 보기에서 골라 쓰세요.

> [보기] a, the, boy, fastest, popular

1) Usain Bolt is the _____ man in the world.

2) Yu Jaeseok is the most _____ comedian.

3) He is _____ most strongest man in *Infinite Challenge*.

2 순서대로 표에서 골라 우리말에 맞게 영어로 쓰세요.

He She	is	the most	popular interesting beautiful famous	man. woman.

1) 그는 가장 유명한 사람이다. ➡ He is the most famous man.

2) 그는 가장 인기 있는 사람이다. ➡ _____

3) 그녀는 가장 아름다운 사람이다. ➡ _____

4) 그녀는 가장 흥미로운 사람이다. ➡ _____

3 괄호 안의 단어를 우리말에 맞게 배열하세요.

1) 나는 우리 반에서 가장 아름다운 여자아이 입니다.
   (most / the / beautiful / am / in / class / my / girl)
   ➡ I am the most beautiful girl in my class.

2) '무한도전'은 '스타킹'보다 더 재미있다. (more / is / interesting / *Starking* / than)
   ➡ *Infinite Challenge* _____

3) 그는 우리 반에서 가장 인기가 많은 소년이다. (most / is / popular / the / in / my / class / boy)
   ➡ He _____

4) 김병만은 '정글의 법칙'에서 가장 힘이 세다. (the / *The Law of Jungle* / strongest / is / man / in)
   ➡ Kim Byeongman _____

D EDITING

기영이가 좋아하는 연예인을 소개하는 글을 읽고 **잘못된** 부분을 다섯 곳 찾아 고쳐 쓰세요.

[보기]   I favorite singer is Tim. 내가 가장 좋아하는 가수는 팀이다.

   My

My favorite entertainer is Kim Inseong.

내가 가장 좋아하는 연예인은 김인성이다.

He is a singer.

그는 가수다.

He come from Wanju, Jeollabuk-do.

그는 전라북도 완주 출신이다.

He have a wife and daughter.

그는 아내와 딸이 있다.

He is a tall and handsome.

그는 키가 크고 잘생겼다.

He is most popular singer in Korea.

그는 한국에서 가장 인기 있는 가수다.

He is good at play the guitar.

그는 기타를 잘 친다.

1 다음 물음에 영어로 답하세요.

Q1. Who is your favorite entertainer? 가장 좋아하는 연예인은 누구인가요?

Q2. What does he / she do? 직업은 무엇인가요?

Q3. What does he / she look like? 외모는 어떻게 생겼나요?

Q4. What is his / her personality? 성격은 어떠한가요?

Q5. What is he / she good at? 무엇을 잘하나요?

Q6. Which program does he / she appear in? 어떤 프로그램에 나오나요?

2 위의 질문에 대한 답을 바탕으로 기영이처럼 좋아하는 연예인에 대한 글을 영어로 쓰세요.

DOUBLE PUZZLE

앞에서 배운 단어들을 잘 기억해 보세요. 아래 각 단어의 철자를 바르게 배열해서 해당되는 숫자에 있는 알파벳으로 마지막 문장을 완성하세요.

LOTPI

1

ELCEVR

4

REEULCHF

5

YAWREL

2

CMEIANDO

3

EATFLUIBU

7

OCOINKG

6

1

2 3 4 5

Y 6 7

REVIEW 1

A 지금까지 배웠던 단어들을 다시 한 번 복습해 보세요.

1 각 주제에 맞는 단어들을 쓰세요.

직업
fire fighter,

외모
tall,

성격
clever,

잘하는 것
singing,

2 영어는 우리말로, 우리말은 영어로 바꿔 쓰세요.

1) engineer ➡ _____

2) police officer ➡ _____

3) handsome ➡ _____

4) climbing ➡ _____

5) polite ➡ _____

6) generous ➡ _____

7) 변호사 ➡ _____

8) 요리사 ➡ _____

9) 못생긴 ➡ _____

10) 게으른 ➡ _____

11) 조용한 ➡ _____

12) 달리기 ➡ _____

B 빈칸에 알맞은 표현을 넣어 자신의 가장 친한 친구에 대해 쓰세요.

이름   My best friend is _____ .

나의 가장 친한 친구는 _____ 다.

출신   She is from _____ .

그녀는 _____ 출신이다.

외모   She is _____ . 그녀는 _____ .

She has _____ and _____ .

그녀는 _____ 머리에 _____ 눈을 가지고 있다.

성격   She is _____ .

그녀는 _____ .

잘하는 것   She is good at _____ .

그녀는 _____ 을(를) _____ .

C 지금까지 배운 내용을 바탕으로 내 주변 사람을 소개하는 글을 쓰세요.

이름 _____

출신 _____

외모 _____

성격 _____

_____

잘하는 것 _____

Writing a Letter

미국에 사는 e-mail 친구 Anna가 자신을 소개하는 편지를 보내왔어요. 편지를 읽고 Anna에게 나에 대해 소개할 수 있는 편지를 써 보세요.

Dear my friend,

My name is Anna. I am from America.

I am an elementary school student.

I have parents and a sister.

My father is a cook and my mother is a dentist.

My sister is a baby. She is two years old.

I have blue eyes and brown hair. I am a shy girl.

I am good at playing the piano. I want to be a pianist.

My favorite musician is Justin Bieber.

I am looking forward to your reply.

Bye for now.

Anna.

WEEK 2

Places around Me

UNIT 1

My Town
우리 동네 소개하기

 KEY SENTENCE

1 There is a bank in my town.

2 My house is next to the post office.

3 I live in an apartment.

교과서 연계 단원

★ **5학년** 천재(윤) 4. Go Straight and Turn Right.
　　　천재(함) 5. Where Is the Museum?
　　　대교　　 9. Where Is Mirae Library?

★ **6학년** 천재(윤) 4. It's Next to the Restaurant.
　　　대교　　 4. Where Is the Bank?
　　　천재(함) 6. Go Straight and Turn Right.
　　　YBM　　 10. How Can I Get to the Park?

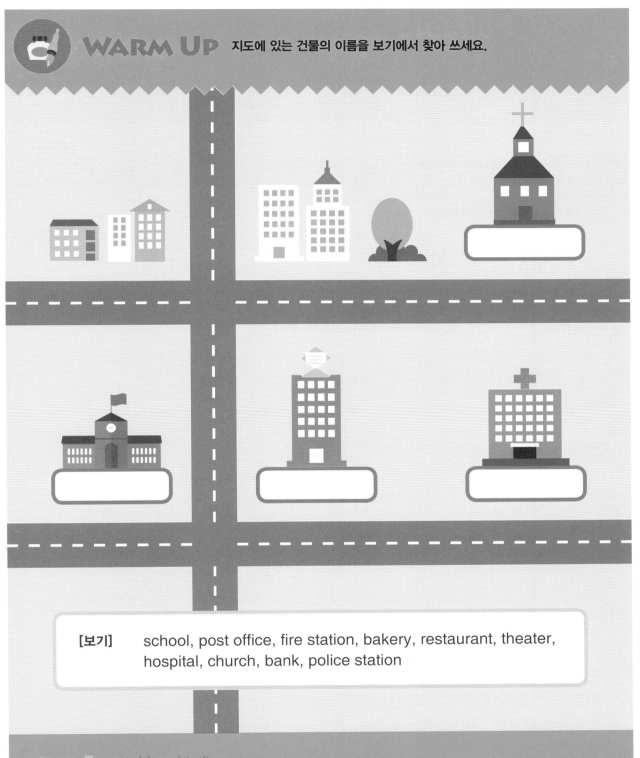

[보기] school, post office, fire station, bakery, restaurant, theater, hospital, church, bank, police station

 생각해 보세요.

▶ 내가 살고 있는 곳은 어디인가요?
▶ 우리 집 주변에는 어떤 건물이 있나요?
▶ 위치를 나타내는 말에 어떤 표현들이 있을까요?

1 Building 건물

우리 동네에 어떤 건물이 있는지 살펴봐요.

A WORDS

1 알고 있는 단어에 동그라미 하세요.

> park 공원 bank 은행 flower shop 꽃집 restaurant 식당 theater 영화관 hospital 병원
>
> church 교회 pet shop 애완동물 가게 elementary school 초등학교 middle school 중학교
>
> high school 고등학교 police station 경찰서 post office 우체국 fire station 소방서
>
> university 대학교 academy 학원 bakery 빵집 grocery 채소 가게 pharmacy 약국
>
> supermarket 슈퍼마켓

2 우리말은 영어로, 영어는 우리말로 쓰세요.

elementary school		대학교	
police station		은행	
restaurant		영화관	
fire station		학원	
flower shop		교회	

3 새로 알게 된 단어를 세 개 골라 세 번씩 쓰세요.

B WRITING POINT

여러 단어를 나열하는 방법을 알아볼까요?

There is a pharmacy, two schools, **and** four hospitals in my town.

우리 동네에는 약국, 학교 두 개, 병원 네 개가 있다.

There are two banks, a theater, **and** a pet shop in my town.

우리 동네에는 은행 두 개, 영화관, 애완동물 가게가 있다.

'There is / are ∼'은 '∼이 있다'라는 뜻이고, ∼ 부분에 여러 개를 나열 할 때에는 맨 마지막 단어 앞에 and를 써요. 맨 처음 나열하는 단어가 하나(단수)이면 There is, 두 개 이상(복수)이면 There are을 쓰지요.

1 잘못된 곳을 찾아 바르게 고쳐 쓰세요.

> **Tip**
> 'in my town'는 '우리 동네에',
> 'around my house'는
> '우리 집 주변에'라는 뜻이에요.

1) There is two banks.

   ➡ _____

2) There are one school and two parks.

   ➡ _____

3) There are three theaters, two schools, two churches.

   ➡ _____

Point 2   여러 개(복수)를 표현할 때 단어 형태가 어떻게 바뀌는지 알아볼까요?

There are three pharmac**ies**. 약국 세 개가 있다.

There are two grocer**ies**. 채소 가게가 두 개 있다.

하나를 나타낼 때 단어 앞에 a나 an을 쓰고 여러 개를 나타낼 때에는 단어 끝에 '–s'를 붙였던 것 기억하나요? '–y'로 끝나는 단어의 복수형은 y를 빼고 i를 써서 '–ies'로 써요.

2 괄호 안에서 맞는 것을 고르세요.

1) There are many (grocerys / groceries) in my town.

2) There is a high school and two (academys / academies) in my town.

3) There (are / is) a pet shop, a bank and two bakeries around my house.

C EXERCISE

1 빈칸에 알맞은 것을 보기에서 골라 쓰세요.

> [보기] only, one bank, flower shop, high schools, elementary school

1) There is an _____ .

2) There is a _____ around my house.

3) There are two _____ , a bank, and a bakery.

2 순서대로 표에서 골라 우리말에 맞게 영어로 쓰세요.

There	is are	a (an) one two three	school(s) flower shop(s) bank(s) theater(s) church(es)	in my town. around my house. around my school.

1) 우리 동네에는 학교가 하나 있다.　　➡ There is a school in my town.

2) 우리 동네에는 꽃집이 하나 있다.　　➡ _____

3) 우리 집 주변에는 은행이 세 개 있다.　➡ _____

4) 우리 학교 주변에는 교회 두 개와 영화관 하나가 있다.➡ _____

3 괄호 안의 단어를 우리말에 맞게 배열하세요.

1) 우체국 하나가 있다. (a / post office / is)

　➡ There is a post office.

2) 우리 동네에는 은행과 영화관이 하나씩 있다. (is / a / theater / a / bank / and / my / in / town)

　➡ There _____

3) 우리 학교 주변에는 큰 공원이 하나 있다. (one / my / school / big / park / around / is)

　➡ There _____

4) 우리 집 주변에는 병원, 채소 가게, 슈퍼마켓 두 개가 있다.
   (is / my / house / around / two / a grocery / supermarkets / a / hospital / and)

　➡ There _____

D CONTROLLED WRITING

1 은서가 동네를 소개하는 글을 읽어 보세요.

There is one **elementary school**, one **middle school**, and two **high schools** in my town.
우리 동네에는 초등학교 한 개, 중학교 한 개, 고등학교 두 개가 있다.

There is a big **supermarket**.
큰 슈퍼마켓도 있다.

2 우리말에 맞게 빈칸에 주어진 철자로 시작하는 단어를 쓰세요.

In my town there are   t _____   h _____ , three   p _____ ,

and a   m _____   s _____ .

우리 동네에는 병원 두 개, 약국 세 개, 그리고 중학교가 있다.

There are three banks   a _____   my house. 우리 집 주변에 은행이 세 개 있다.

3 은서처럼 우리 동네를 소개하는 글을 영어로 쓰세요.

 **Direction** 방향

건물들의 위치나 방향을 설명해요.

A WORDS

1 알고 있는 단어에 동그라미 하세요.

> in ~ 안에   on (무엇이 표면에 닿게) ~ 위에   over (무엇이 표면에 닿지 않게) ~ 위에   under ~ 아래
>
> in front of ~ 앞에   next to ~ 옆에   between ~ 사이에   near 가까이   around ~ 주위에
>
> behind ~ 뒤에   across from ~ 건너편에
>
> ---
>
> police station 경찰서   post office 우체국   department store 백화점
>
> stationary store 문구점

2 위치를 나타내는 단어를 위에서 골라 쓰세요.

toys _____ the box   the boy _____ the sofa   the girl _____ the tree

3 새로 알게 된 단어를 세 개 골라 세 번씩 쓰세요.

B WRITING POINT

Point 1   위치를 설명하는 다양한 표현을 알아볼까요?

My school is **next to** the Hill Apartment. 우리 학교는 힐아파트 옆에 있다.

Bada bank is **across from** the stationary store. 바다 은행은 문구점 건너편에 있다.

My house is **between** the police station **and** the bank. 우리 집은 경찰서와 은행 사이에 있다.

next to (~ 옆에), across from (~ 건너편에), between A and B (A와 B 사이에), in front of (~ 앞에)처럼 두 단어가 모여 의미를 나타내는 표현을 알아 두세요.

1 잘못된 곳을 찾아 바르게 고쳐 쓰세요.

1) The academy is next of my school. ➡ _____

2) A flower shop is in front to the church. ➡ _____

3) There is a bank between the theater from the fire station. ➡ _____

Point 2   장소를 나타내는 표현을 알아볼까요?

There is a fire station **around my house**. 우리 집 주위에 소방서가 있다.

In my town there is a department store. 우리 동네에는 백화점이 있다.

around my house(우리 집 주위에), in my town(우리 동네에), near my house(우리 집 근처에)처럼 장소를 나타내는 표현은 문장의 맨 뒤나, 맨 앞에 쓸 수 있어요.

2 괄호 안에서 맞는 것을 고르세요.

1) (In / To) my town there is a bakery.

2) There is a pet shop (around / in) my school.

3) There are three stationary stores (near / in) my house.

C EXERCISE

1 빈칸에 알맞은 것을 보기에서 골라 쓰세요.

[보기] and, but, next, across, between

1) The theater is _____ to the hospital.

2) My school is _____ from the post office.

3) The bakery is _____ the grocery and the church.

2 순서대로 표에서 골라 우리말에 맞게 영어로 쓰세요.

The bank	is	next to	my house.
The hospital		behind	the flower shop.
The grocery		in front of	the bakery.
The restaurant		across from	the high school.

1) 채소 가게는 우리 집 옆에 있다.　　➡ The grocery is next to my house.

2) 식당이 빵집 앞에 있다.　　➡ _____

3) 은행이 고등학교 뒤에 있다.　　➡ _____

4) 병원이 꽃집 건너편에 있다.　　➡ _____

3 괄호 안의 단어를 우리말에 맞게 배열하세요.

1) 학교는 병원 옆에 있다. (next / hospital / to / the / is)

　➡ The school is next to the hospital.

2) 우리 집은 교회 건너편에 있다. (church / house / is / from / across / the)

　➡ My _____

3) 식당은 학교 뒤에 있다. (is / the / school / behind)

　➡ The restaurant _____

4) 빵집은 문구점과 우체국 사이에 있다.

　(is / between / the post office / the stationary store / and)

　➡ The bakery _____

D GUIDED WRITING

1 성환이가 사는 동네를 소개하는 글을 읽어 보세요.

> 우리 동네 There are <u>two elementary schools, one middle school,</u>
> <u>and one high school</u> in my town.
> 우리 동네에는 초등학교 두 개, 중학교 한 개, 고등학교 한 개가 있다.
>
> The stationary store is in front of <u>the elementary school</u>.
> 문구점은 초등학교 앞에 있다.
>
> 위치 My house is <u>near the hospital</u>.
> 우리 집은 병원 가까이 있다.
>
> The hospital is <u>next to the park</u>.
> 병원은 공원 옆에 있다.
>
> Around <u>the park</u>, there is <u>a flower shop</u>.
> 공원 주변에는 꽃집이 있다.

2 성환이처럼 우리 동네에 있는 건물의 위치를 소개하는 글을 영어로 쓰세요.

(밑줄 친 부분을 우리 동네에 맞게 바꿔보면 쉽게 쓸 수 있어요.)

우리 동네

위치

3 Location 위치

내가 사는 집의 형태와 위치를 나타내요.

A WORDS

1 알고 있는 단어에 동그라미 하세요.

> house 집   city 도시   apartment 아파트   two-story house 2층집
>
> high-rise apartment 주상복합아파트   detached house 단독주택
>
> ─────────────────────────────────────
>
> one 하나, 1 – first 첫 번째   two 둘, 2 – second 두 번째
>
> three 셋, 3 – third 세 번째   four 넷, 4 – fourth 네 번째

2 다음 그림에 알맞은 단어를 위에서 찾아 쓰세요.

3 새로 알게 된 단어를 세 개 골라 세 번씩 쓰세요.

B WRITING POINT

Point 1   어디에 사는지 표현하는 방법을 알아볼까요?

I **live in** an apartment. 나는 아파트에 산다.

I **live in** Seoul. 나는 서울에 산다.

I **live in** Suji-dong, Youngin city. 나는 용인시 수지동에 산다.

I **live in** Jamsil-dong, Seoul. 나는 서울 잠실에 산다.

'live in ~'은 '~에 삽니다'라는 뜻으로 '~'에는 주거지의 종류뿐만 아니라 특정 도시, 마을, 나라를 뜻하는 표현을 써서 나타낼 수도 있어요. 이 때, 작은 단위에서 큰 단위 순서로 쓰며 단어 사이에 ','를 붙여요. (동네 ➡ 도시 ➡ 나라)

1 잘못된 곳을 찾아 바르게 고쳐 쓰세요.

1) She live in Japan.   ➡ _____

2) I live on an apartment.   ➡ _____

3) I live a two-story house.   ➡ _____

Point 2   자신이 사는 건물의 층은 어떻게 표현할까요?

I live **on the first floor**. 나는 1층에 산다.

He lives **on second floor**. 그는 2층에 산다.

My house is **on fifth floor**. 우리 집은 5층에 있다.

'~층에 산다'라고 할 때 'I live on the ~ floor.'라고 합니다. '~'에는 서수(~ 번째)를 뜻하는 단어를 써요.

2 괄호 안에서 맞는 것을 고르세요.

1) He (live / lives) in a big city.

2) I live on the (two / second) floor.

3) I live (in / on) the first floor.

Tip

I나 You는 live in을,
He나 She는 lives in을 써요.

C EXERCISE

1 빈칸에 알맞은 것을 보기에서 골라 쓰세요.

> **[보기]** five, floor, Seoul, fourth, apartment

1) I live in _____.

2) I live in an _____ in Irwon-dong.

3) He lives on the _____ floor.

2 순서대로 표에서 골라 우리말에 맞게 영어로 쓰세요.

I	live	in	an apartment.
He	lives		a detached-house.
She			Busan.
			Jeju.

1) 나는 아파트에 산다.　　➡ I live in an apartment.

2) 그는 제주도에 산다.　　➡ _____

3) 그녀는 부산에 산다.　　➡ _____

4) 그녀는 단독주택에 산다.　➡ _____

3 괄호안의 단어를 우리말에 맞게 배열하세요.

1) 나는 1층에 산다. (on / live / first / floor / the)
　➡ I live on the first floor.

2) 그녀는 큰 도시에 산다. (big / lives / in / city / a)
　➡ She _____

3) 그는 제주도 중문에 산다. (lives / Jeju / in / Jungmun)
　➡ He _____

4) 크리스는 서울 강동구에 산다. (Seoul / in / lives / Gangdong-gu)
　➡ Chris _____

D EDITING

선화가 사는 동네를 소개하는 글을 읽고 <u>잘못된</u> 부분을 다섯 곳 찾아 고쳐 쓰세요.

[보기] She live in China. 그녀는 중국에 산다.

   lives

I live on a city.

나는 도시에 산다.

I live in Samseong-dong, Seoul.

나는 서울 삼성동에 산다.

My house is a two-story house.

우리 집은 이층집이다.

There are a small supermarket near my house.

우리 집 가까이에는 작은 슈퍼마켓이 하나 있다.

Olympic park is across to the supermarket.

슈퍼마켓 건너편에는 올림픽 공원이 있다.

Bakery is next the Olympic park.

올림픽 공원 옆에는 빵집이 있다.

There are many coffee shop around the park.

공원 주변에는 많은 커피숍들이 있다.

E FREE WRITING

1 다음 물음에 영어로 답하세요.

> **Q1**. Where do you live? 어디에 사나요?
>
> **Q2**. What kind of house do you live in? 어떤 종류의 집에 사나요?
>
> **Q3**. What shops or buildings are near your house?
>
> 집 주변에는 어떤 상점 혹은 건물들이 있나요?
>
>
>
> **Q4**. Where are they located? 그것들은 어디에 위치해 있나요?
>
> **Q5**. What shops or buildings are in your town?
>
> 동네에는 어떤 상점 혹은 건물들이 있나요?

2 위의 질문에 대한 답을 바탕으로 선화처럼 우리 동네를 소개하는 글을 쓰세요.

WORD SEARCH

앞에서 배운 단어들을 기억해 보세요. 보기에 나와 있는 단어들을 퍼즐에서 찾아보세요.

[보기]

APARTMENT

GROCERY

SCHOOL

BANK

HOSPITAL

CHURCH

PARK

T	G	L	O	O	H	C	S	L	R
K	N	R	B	A	N	K	L	A	C
J	R	E	O	M	G	P	Q	T	Q
E	V	A	M	C	D	U	X	I	D
H	Y	N	P	T	E	J	B	P	J
U	C	E	D	Y	R	R	U	S	H
S	U	R	X	C	Z	A	Y	O	G
B	M	O	U	P	C	J	P	H	Z
F	S	K	S	H	X	H	W	A	D
M	G	X	B	O	C	S	B	K	N

My School

우리 학교 소개하기

UNIT 2

 KEY SENTENCE

1 My favorite subject is math.

2 I have English on Monday.

3 Sports Day is on May 4th.

교과서 연계 단원

★ 5학년	대교	2. What's Your Favorite Subject?
	천재(윤)	2. I Like Math.
		11. When Is the School Festival?
	YBM	4. My Favorite Class Is Art.
	천재(함)	11. My Favorite Subject Is Science.

| ★ 6학년 | YBM | 4. What's the Date Today? |

WARM UP 내가 좋아하는 과목이 언제 있는지 쓰세요. (두 과목 이상)

	Mon	Tue	Wed	Thu	Fri	Sat
1						
2						
3						
4						
5						
6						

[보기]   Korean, English, math, science, art, music, P.E.
social studies, ethics

생각해 보세요.

▶ 내가 가장 좋아하는 과목은 무엇인가요?

▶ 그 과목은 무슨 요일에 있나요?

▶ 우리 학교에는 어떤 행사가 있나요?

1 Subject 과목

좋아하는 과목에 대해 써봐요.

A WORDS

1 알고 있는 단어에 동그라미 하세요.

> subject 과목   schedule 시간표   Korean 국어   math 수학
>
> English 영어   science 과학   social studies 사회   art 미술
>
> music 음악   history 역사   physical education 체육
>
> ethics 도덕

2 우리말은 영어로, 영어는 우리말로 쓰세요.

history		음악	
math		영어	
science		사회	
art		도덕	

3 새로 알게 된 단어를 세 개 골라 세 번씩 쓰세요.

B WRITING POINT

Point 1 좋아하지 않는 것은 어떻게 표현할까요?

I like English, but I **don't like** math.

나는 영어를 좋아하지만 수학은 좋아하지 않는다.

He likes music, but he **doesn't like** physical education.

그는 음악은 좋아하지만 체육은 좋아하지 않는다.

don't와 doesn't는 동사의 반대 의미를 나타낼 때 쓰여요. I와 You는 don't와 함께 쓰이고, He와 She는 dosen't와 쓰여요. 이 때 dosen't 뒤에 오는 동사는 원래 형태 그대로 써요.

> **Tip**
> don't는 do not의 줄임 표현
> doesn't는 does not의 줄임 표현이에요.

1 잘못된 곳을 찾아 바르게 고쳐 쓰세요.

1) He don't like music. ➡ _____

2) She do not like Korean. ➡ _____

3) I like social studies, but I like art. ➡ _____

Point 2 가장 좋아하는 것을 나타낼 때 쓰는 두 가지 표현을 알아볼까요?

My favorite subject is math. 내가 가장 좋아하는 과목은 수학이다.

I like P.E. **the most.** 나는 체육을 가장 좋아한다.

내가 가장 좋아하는 것을 표현하는 두 가지 방법은 'My favorite ~'와 'I like ~ the most'예요. '~' 부분에 좋아하는 대상을 쓰면 돼요.

2 괄호 안에서 맞는 것을 고르세요.

1) I like music the (more / most).

2) My (favorite / like) subject is art.

3) I (favorite / like) math the most.

> **Tip**
> physical education(체육)은
> 줄여서 P.E.라고 해요.

C EXERCISE

1 빈칸에 알맞은 것을 보기에서 골라 쓰세요.

> [보기] more, most, subject, favorite, social studies

1) I like science the _____.

2) My favorite _____ is art.

3) I like _____ and Korean.

2 순서대로 표에서 골라 우리말에 맞게 영어로 쓰세요.

I	don't	like	English.
			math.
He	doesn't		science.
She			social studies.

1) 나는 영어를 좋아하지 않는다. ➡ I don't like English.

2) 그는 과학을 좋아하지 않는다. ➡ _____

3) 그녀는 수학을 좋아하지 않는다. ➡ _____

4) 그녀는 사회를 좋아하지 않는다. ➡ _____

3 괄호 안의 단어를 우리말에 맞게 배열하세요.

1) 내가 가장 좋아하는 과목은 과학이다. (science / subject / is / favorite)
   ➡ My favorite subject is science.

2) 나는 체육을 가장 좋아한다. (like / P.E. / most / the)
   ➡ I _____

3) 나는 음악은 좋아하지만 미술은 좋아하지 않는다. (but / art / music / like / don't / I / like)
   ➡ I _____

4) 그는 영어는 좋아하지만 국어는 좋아하지 않는다. (likes / Korean / like / doesn't / English / but / he)
   ➡ He _____

D CONTROLLED WRITING

1 의정이가 좋아하는 과목을 소개하는 글을 읽어 보세요.

I like **physical education, art, and Korean class.** 나는 체육, 미술, 국어 수업을 좋아한다.

My favorite subject is **physical education.**
내가 가장 좋아하는 과목은 체육이다.

But I don't like **math.**
하지만 나는 수학은 좋아하지 않는다.

2 우리말에 맞게 빈칸에 주어진 철자로 시작하는 단어를 쓰세요.

English is my f _____ subject. It is i _____ .

영어는 내가 가장 좋아하는 과목이다 그것은 재미있다.

But I don't like s _____ . It is b _____ .

하지만 나는 과학을 좋아하지 않는다. 그것은 지루하다.

3 의정이처럼 내가 좋아하거나 싫어하는 과목을 소개하는 글을 영어로 쓰세요.

2 Schedule 시간표

시간표에 있는 과목들을 살펴봐요.

Ⓐ WORDS

1 알고 있는 단어에 동그라미 하세요.

> Monday 월요일   Tuesday 화요일   Wednesday 수요일   Thursday 목요일   Friday 금요일
>
> Saturday 토요일   Sunday 일요일   today 오늘   tomorrow 내일

2 다음 달력을 보고 해당하는 날짜의 요일을 위에서 찾아 쓰세요.

Sun	Mon	Tue	Wed	Thu	Fri	Sat
		1	2	3	4	5
6	7	8	9	10	11	12
13	14	15	16	17	18	19
20/27	21/28	22	23	24	25	26

2일 ➡ _____

17일 ➡ _____

19일 ➡ _____

20일 ➡ _____

22일 ➡ _____

3 새로 알게 된 단어를 세 개 골라 세 번씩 쓰세요.

_____

_____

_____

_____

_____

_____

B WRITING POINT

Point 1 수업이 언제 있는지 어떻게 표현할까요?

I have **science class on** Tuesday.

나는 화요일에 과학 수업이 있다.

I have **Korean and art on** Friday.

나는 금요일에 국어와 미술 수업이 있다.

특정 요일에 수업이 있는 것을 표현하려면 요일 앞에 on을 써 줘요. 그리고 수업을 표현할 때 과목 뒤에 class나 subject를 안 붙여도 돼요. math = math class (subject)

1 잘못된 곳을 찾아 바르게 고쳐 쓰세요.

1) I have math Thursday. ➡ _____

2) I don't have social studies in Friday. ➡ _____

3) I have science, math, and art on the Monday. ➡ _____

Point 2 오늘 어떤 수업이 있는지 표현해 볼까요?

I have Korean, math, and music today. 나는 오늘 국어, 수학, 음악 수업이 있다.

I have English tomorrow. 나는 내일 영어 수업이 있다.

I have Korean every day. 나는 매일 국어 수업이 있다.

'수업이 있다'는 표현은 'I have~'로 표현할 수 있어요.

2 괄호 안에서 맞는 것을 고르세요.

1) I (am / have) math today.

2) I have music on (Tuesday / today).

3) I (am not / don't) have P.E. tomorrow.

Tip

수업이 있지 않다는 것을 표현하려면 don't have를 써요.

I don't have English today.

나는 오늘 영어 수업이 없다.

C EXERCISE

1 빈칸에 알맞은 것을 보기에서 골라 쓰세요.

> [보기] go, have, class, Friday, yesterday

1) I have Korean on _____.

2) I _____ math and science today.

3) I don't like English, but I have English _____ every day.

2 순서대로 표에서 골라 우리말에 맞게 영어로 쓰세요.

| I | have | science
art
music
ethics
P.E | on | Monday.
Wednesday.
Thursday. |
| | | | | today. |

1) 나는 오늘 체육이 있다.   ➡ I have P.E. today.

2) 나는 수요일에 과학이 있다.   ➡ _____

3) 나는 월요일에 음악과 미술이 있다. ➡ _____

4) 나는 목요일에 도덕과 과학이 있다. ➡ _____

3 괄호안의 단어를 우리말에 맞게 배열하세요.

1) 나는 월요일에 수학이 있다. (math / have / Monday / on)
   ➡ I have math on Monday.

2) 나는 금요일에 영어 수업이 있다. (English / have / on / Friday)
   ➡ I _____

3) 나는 화요일에 음악 수업이 있다. (Tuesday / have / music / on)
   ➡ I _____

4) 나는 수요일에 사회와 미술 수업이 있다. (social studies / and / art / have / Wednesday / on)
   ➡ I _____

D GUIDED WRITING

1 연주의 시간표와 수업을 소개하는 글을 읽어 보세요.

좋아하는 과목	I like <u>P.E.</u> the most. 나는 체육을 가장 좋아한다.
	I have <u>P.E.</u> on <u>Friday</u>. 나는 금요일에 체육이 있다.
시간표	I have <u>math, science, English, and music</u> on <u>Monday</u>. 나는 월요일에 수학, 과학, 영어, 음악 수업이 있다.
	I have <u>social studies and physical education</u> on <u>Tuesday</u>. 나는 화요일에 사회와 체육이 있다.
	I have <u>Korean</u> <u>every day</u>. 나는 매일 국어 수업이 있다.
느낌	<u>Social studies</u> class is difficult. 사회 수업은 어렵다.
	I don't like it. 나는 그것을 좋아하지 않는다.

2 연주처럼 내 시간표를 소개하는 글을 쓰세요.

(밑줄 친 부분을 내 시간표에 맞게 바꿔보면 쉽게 쓸 수 있어요.)

좋아하는 과목

시간표

느낌

3 School Event 학교 행사

우리 학교에서 언제 어떤 행사를 하는지 써봐요.

A WORDS

1 알고 있는 단어에 동그라미 하세요.

spring break 봄 방학 fall break 가을 방학 summer vacation 여름 방학

winter vacation 겨울 방학 sports day 운동회 school festival 학예회 field trip 현장체험학습

school anniversary 개교기념일 school excursion 수학여행

January 1월 February 2월 March 3월 April 4월 May 5월 June 6월 July 7월

August 8월 September 9월 October 10월 November 11월 December 12월

2 우리 학교의 행사를 위에서 찾아 영어로 쓰세요.

May 5월	⇒	
September 9월	⇒	
December 12월	⇒	

3 새로 알게 된 단어나 구문을 세 개 골라 세 번씩 쓰세요.

B WRITING POINT

Point 1   날짜를 표현하는 방법을 알아볼까요?

Sports day is on May **5th**. 운동회는 5월 5일이다.

The field trip is on September **10th**. 현장체험학습은 9월 10일이다.

There is a school festival on November **11th**. 11월 11일에 학예회가 있다.

날짜를 표현할 때에는 1st(1일), 2nd(2일), 3rd(3일)로 표현하고 4일부터는 숫자 뒤에 '–th'를 붙여 나타내요. 날짜뿐만 아니라 '～ 번째'라는 표현도 똑같이 나타내요. 1st = first, 2nd = second, 3rd = third, 4th = fourth

1 잘못된 곳을 찾아 바르게 고쳐 쓰세요.

1) The school festival is July 10th.   ➡ _____

2) The school anniversary is on March 4.   ➡ _____

3) The school excursion is on October 2th.   ➡ _____

Point 2   기간을 어떻게 나타낼까요?

Spring break is **from** April **30th to** May **5th**. 봄 방학은 4월 30일부터 5월 5일까지다.

Summer vacation is **from** July **24th to** August **23rd**. 여름 방학은 7월 24일부터 8월 23일까지다.

Summer vacation starts on July **22nd**. 여름 방학은 7월 22일에 시작한다.

기간을 나타낼 때 'A에서 B까지'는 'from A to B'라고 나타내요. 서수로 표현할 때에는 21st, 22nd처럼 끝나는 숫자에 맞추어 표기하면 돼요.

2 괄호 안에서 맞는 것을 고르세요.

1) Winter (break / vacation) starts on October 22nd.

3) Summer vacation starts (in / on) December 21st.

2) The school excursion is from today (to / at) next Monday.

Tip
짧은 방학은 break
긴 방학은 vacation이
라고 해요.

1 빈칸에 알맞은 것을 보기에서 골라 쓰세요.

[보기] first, from, 23rd, June 2nd, starts

1) Winter vacation _____ today.

2) There is a school festival on _____ .

3) Fall break is from September 19th to _____ .

2 순서대로 표에서 골라 우리말에 맞게 영어로 쓰세요.

Sports day	is	on	April	1st.
The field trip			May	2nd.
The school anniversary			June	3rd.
			July	4th.

1) 운동회는 4월 1일 이다. ➡ Sports day is on April 1st.

2) 운동회는 5월 4일이다. ➡ _____

3) 개교기념일은 7월 3일이다. ➡ _____

4) 현장체험학습은 6월 2일이다. ➡ _____

3 괄호 안의 단어를 우리말에 맞게 배열하세요.

1) 운동회는 5월에 있다. (on / May / is)
➡ Sports day is on May.

2) 학교 축제는 9월 17일이다. (17th / September / on / is)
➡ The school festival

3) 봄 방학은 다음 주에 시작한다. (next / week / starts)
➡ Spring break

4) 개교기념일은 10월 4일이다. (is / 4th / October / on)
➡ The school anniversary

D EDITING

혜선이가 교과 시간표와 학교 행사들을 소개하는 글을 읽고 <u>잘못된</u> 부분을 다섯 곳 찾아 고쳐 쓰세요.

[보기]

m

I has Math today. 나는 오늘 수학 수업이 있다.

have

I have two Korean classes and art class at Monday.

나는 월요일에 두 개의 국어 수업과 미술 수업이 있다

There is English class on wednesday.

수요일에는 영어 수업이 있다.

English is difficult. I don't like it.

영어는 어렵다. 나는 그것을 좋아하지 않는다.

But I like Wednesday because I like my English teacher.

하지만 나는 수요일이 좋다. 왜냐하면 영어 선생님을 좋아하기 때문이다.

there are many events in my school.

우리 학교에는 많은 행사가 있다.

Sports day is on may 6th.

운동회는 5월 6일이다.

And the school excursion is from October 15 to 18th.

그리고 수학여행은 10월 15일부터 18일까지다.

I like summer vacation the most.

나는 여름 방학을 가장 좋아한다.

E FREE WRITING

1 다음 물음에 영어로 답하세요.

> **Q1.** How many events are held at your school? 학교에 얼마나 많은 행사가 열리나요?
>
> **Q2.** What events are held at your school? 학교에 어떤 행사가 있나요?
>
> **Q3.** What are the dates of those events? 그 행사들은 날짜가 언제인가요?
>
> **Q4.** When does the summer vacation start? 여름 방학은 언제 시작하나요?
>
> **Q5.** How long does it last? 기간은 언제부터 언제까지인가요?

2 위의 질문에 대한 답을 바탕으로 혜선이처럼 우리 학교의 행사를 소개하는 글을 쓰세요.

CROSSWORD PUZZLE

앞에서 배운 단어들을 기억해 보세요. 가로(Across)와 세로(Down)
에 해당하는 낱말을 영어로 써서 퍼즐을 완성하세요.

Across

5. 10월   6. 방학   9. 3월   10. 6월

Down

1. 일요일   2. 내일   3. 11월   4. 금요일   7. 4월   8. 과학

UNIT 3 In the Playground
놀이터나 운동장에서 하는 일 소개하기

✏️ KEY SENTENCE

1 I enjoy playing baseball.

2 I can throw the ball.

3 I play basketball every Saturday.

교과서 연계 단원

★ **5학년**　천재(윤)　5. I'll Clean the Park.
★ **6학년**　대교　8. We Should Save the Earth.
　　　　　　YBM　9. You Have to Wait in Line.
　　　　　　천재(윤)　6. Can I Sit Here?
　　　　　　　　　　12. We Should Save the Earth.

[보기]   seesaw, soccer, slide, swing, jump rope

 생각해 보세요.

▶ 놀이터에서 자주 하는 놀이는 무엇인가요?

▶ 주로 누구와 함께 노나요?

▶ 운동장에서 놀면 기분이 어떤가요?

1 Ride 놀이 기구
좋아하는 놀이 기구를 소개해 봐요.

A WORDS

1 알고 있는 단어에 동그라미 하세요.

> ride 놀이 기구   swing 그네   slide 미끄럼틀   jump rope 줄넘기   carousel 회전목마   seesaw 시소
>
> hide-and-seek 숨바꼭질   horizontal bar 철봉   basket stands 농구대
>
> ---
>
> go down a slide 미끄럼을 타다   ride a carousel 회전목마를 타다   play jump rope 줄넘기를 하다
>
> ride (play on) a seesaw 시소를 타다   play on the swings 그네를 타다
>
> play hide-and-seek 숨바꼭질을 하다

2 우리말은 영어로, 영어는 우리말로 쓰세요.

swing		철봉	
slide		농구대	
jump rope		그네	
seesaw		회전목마	

3 새로 알게 된 단어나 구문을 세 개 골라 세 번씩 쓰세요.

B WRITING POINT

Point 1 동사의 형태가 언제, 어떻게 변할까요?

He like**s** a slide. 그는 미끄럼틀을 좋아한다.

Eunjae like**s** a carousel. 은재는 회전목마를 좋아한다.

He나 She, 혹은 한 명을 지칭하는 주어 뒤에 오는 동사는 '−s, −es'를 붙여 주세요. 단, '−y'로 끝나는 동사는 '−ies'를 붙여요. He (She) studies. 그(그녀)가 공부한다. / He (She) cries. 그(그녀)가 운다.

1 잘못된 곳을 찾아 바르게 고쳐 쓰세요.

1) I likes a swing.　　　　➡ _____

2) He love soccer.　　　　➡ _____

3) She go to the playground.　➡ _____

Point 2 '좋아하다 / 즐기다'를 표현하는 법을 알아볼까요?

I **enjoy** play**ing** basketball. 나는 농구하는 것을 즐긴다.

I **like to play** basketball. 나는 농구하는 것을 좋아한다.

He **enjoys** go**ing** down a slide. 그는 미끄럼 타는 것을 즐긴다.

He **likes to go** down a slide. 그는 미끄럼 타는 것을 좋아한다.

'enjoy −ing'는 '〜을 즐기다'라는 뜻이에요. 'like to 〜'와 의미는 비슷하지만, enjoy는 동사 뒤에 '−ing'를 붙이고 'like to' 뒤에는 동사가 원래 모습 그대로 쓰인다는 것을 꼭 기억하세요.

2 괄호 안에서 맞는 것을 고르세요.

1) I like to (go / going) down a slide.

2) He (enjoys / likes to) ride a carousel.

3) I enjoy (playing / play) table tennis.

> **Tip**
> enjoy는 주어가 He나 She가 오면 뒤에 's'만 붙여요.
> He (She) enjoys playing jump rope.
> 그(그녀)는 줄넘기 하는 것을 즐긴다.

C EXERCISE

1 빈칸에 알맞은 것을 보기에서 골라 쓰세요.

> [보기] slide, seesaw, jump rope, ride

1) I like to go down a _____ .

3) It is fun to play on the _____ .

2) We play _____ 100 times every day.

2 순서대로 표에서 골라 우리말에 맞게 영어로 쓰세요.

I	enjoy(s)	playing the piano.
He		dancing.
She	like(s) to	swim.
		watch TV.

1) 나는 수영하는 것을 좋아한다.　　➡ I like to swim.

2) 나는 춤추는 것을 즐긴다.　　➡ _____

3) 그는 TV 보는 것을 좋아한다.　　➡ _____

4) 그녀는 피아노 치는 것을 즐긴다.　　➡ _____

3 괄호안의 단어를 우리말에 맞게 배열하세요.

1) 나는 독서를 즐긴다. (enojy / reading / books)
　➡ I enjoy reading books.

2) 하영이는 회전목마 타는 것을 즐긴다. (riding / a / carousel / enjoys)
　➡ Hayeong _____

3) 그는 숨바꼭질을 하는 것을 좋아한다. (to / hide-and-seek / play / likes)
　➡ He _____

4) 그녀는 줄넘기 하는 것을 좋아한다. (play / likes / jump rope / to)
　➡ She _____

D CONTROLLED WRITING

1 찬우가 놀이터에서 무엇을 하는지 쓴 글을 읽어 보세요.

I like to go to the playground.
나는 놀이터에 가는 것을 좋아한다.

My friend Juho likes to go there, too.
내 친구 주호도 거기 가는 것을 좋아한다.

We enjoy riding a seesaw.
우리는 시소 타는 것을 즐긴다.

2 우리말에 맞게 빈칸에 주어진 철자로 시작하는 단어를 쓰세요.

I like to go to the p_____ .

나는 놀이터에 가는 것을 좋아한다.

I play j_____ and my younger brother plays h_____ .

나는 줄넘기를 하고 내 남동생은 숨바꼭질을 한다.

3 찬우처럼 놀이터에 간 경험을 소개하는 글을 영어로 쓰세요.

Ability 할 수 있는 것

할 수 있는 것과 할 수 없는 것을 표현해요.

A WORDS

1 알고 있는 단어에 동그라미 하세요.

> run 달리다, 뛰다   walk 걷다   kick 차다   throw 던지다   jump 뛰어오르다, 점프하다   play 놀다
>
> catch 잡다   enjoy 즐기다   ride 타다   fly 날다, 날리다   watch 보다   shout 소리치다   hang 매달리다

2 다음 그림에 알맞은 단어를 위에서 찾아 쓰세요.

3 새로 알게 된 단어를 세 개 골라 세 번씩 쓰세요.

B WRITING POINT

WEEK 1

WEEK 2

WEEK 3

Point 1 할 수 있는 것과 할 수 없는 것을 어떻게 표현할까요?

I **can** run. 나는 뛸 수 있다.

I **can** throw the ball. 나는 공을 던질 수 있다.

I **can't** kick the ball. 나는 공을 찰 수 없다.

can은 '~할 수 있다'라는 뜻이고 can't는 '~할 수 없다'라는 뜻이에요. can't는 can not의 줄임 형태지요. can이나 can't 뒤에 단어는 '-s, -es, -ed, -ies, -ing' 등을 붙이지 않고 원래 그대로의 동사 형태를 써요.

1 잘못된 곳을 찾아 바르게 고쳐 쓰세요.

1) I cant fly. ➡ _____

2) He can runs. ➡ _____

3) We can walking. ➡ _____

Point 2 해야만 하는 일은 어떻게 표현할까요?

I **have to** go home before 5 p.m. 나는 5시 전에 집에 가야 한다.

He **has to** go to the English academy. 그는 영어 학원에 가야 한다.

We **should** clean the playground. 우리는 운동장을 청소해야 한다.

We **should** follow the rule. 우리는 규칙을 따라야 한다.

have(has) to와 should는 '~을 해야 한다'라는 뜻이에요. I, You, They, We나 여러 명 뒤에는 have to를, He, She 혹은 한 명의 사람 이름 뒤에는 has to를 써요. should는 형태가 변하지 않아요.

2 괄호 안에서 맞는 것을 고르세요.

1) You (has / have) to get up early.

2) I have to (do / doing) my homework.

3) Hana (should / have) go home now.

Tip

숫자 뒤에 a.m.을 붙이면 오전, p.m.을 붙이면 오후를 나타내요.

1 빈칸에 알맞은 것을 보기에서 골라 쓰세요.

> [보기] do, has, have, should, have to

1) I _____ to run fast.

2) He _____ clean the playgound.

3) My younger brother has to _____ his homework.

2 순서대로 표에서 골라 우리말에 맞게 영어로 쓰세요.

I	can	walk.
He	can't	run.
She		kick the ball.
		play jump rope.

1) 나는 달릴 수 있다. ➡ I can run.

2) 그녀는 걸을 수 없다. ➡ _____

3) 그는 공을 찰 수 있다. ➡ _____

4) 나는 줄넘기를 할 수 없다. ➡ _____

3 괄호 안의 단어를 우리말에 맞게 배열하세요.

1) 나는 내 방 청소를 해야 한다. (should / my / clean / room)
   ➡ I should clean my room.

2) 그는 규칙을 지켜야 한다. (the / follow / should / rule)
   ➡ He _____

3) 나는 숙제를 해야 한다. (to / have / homework / my / do)
   ➡ I _____

4) 상미는 여동생과 놀아야 한다. (has / younger / sister / play / to / with / her)
   ➡ Sangmi _____

D GUIDED WRITING

1 서진이가 운동장에서 하는 놀이를 소개하는 글을 읽어 보세요.

Every day I meet my friend Chanyeong at playground.
나는 매일 운동장에서 내 친구 찬영이를 만난다.

좋아하는 놀이 기구   I like a <u>swing</u> and he likes a <u>slide</u>.
나는 그네를 좋아하고 그는 미끄럼틀을 좋아한다.

주로 하는 놀이   We play <u>basketball and soccer</u>, too.
우리는 농구와 축구도 한다.

can / can't   He <u>can play jump rope</u> but I can't.
그는 줄넘기를 할 수 있지만 나는 할 수 없다.

have to   We <u>have to go home</u> before 6 p.m.
우리는 6시 전에 집에 가야 한다.

2 서진이처럼 운동장에서 하는 놀이를 소개하는 글을 영어로 쓰세요.
(밑줄 친 부분을 자신의 놀이에 맞게 바꿔보면 쉽게 쓸 수 있어요.)

좋아하는 놀이 기구

주로 하는 놀이

can / can't

have to

3 Sport 운동

운동할 때 기분을 표현해요.

A WORDS

1 알고 있는 단어에 동그라미 하세요.

> soccer 축구 baseball 야구 basketball 농구 tennis 테니스 table tennis 탁구
>
> badminton 배드민턴
>
> ··
>
> happy 행복한 sad 슬픈 fun 재미있는 exciting 신나는 bored 지루한 tired 지친 angry 화난
>
> surprised 놀란 afraid 두려운 nervous 초조한 scared 무서운

2 그림과 관련된 운동의 이름을 위에서 찾아 쓰세요.

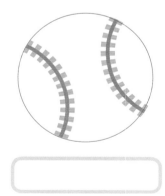  

3 새로 알게 된 단어를 세 개 골라 세 번씩 쓰세요.

106

B WRITING POINT

Point 1 감정이나 느낌은 어떻게 표현할까요?

I'm bored. 나는 지루하다.

He's angry. 그는 화가 난다.

They're happy. 그들은 행복하다.

감정이나 느낌을 나타내는 단어는 be 동사 (am / is / are) 뒤에 써 줘요.

I am ➡ I'm, You are ➡ You're, He is ➡ He's, They are ➡ They're로 줄여 쓸 수 있어요.

1 잘못된 곳을 찾아 바르게 고쳐 쓰세요.

1) Im tired   ➡ _____

2) He'is angry.   ➡ _____

3) They can excited.   ➡ _____

Point 2 주기적으로 운동하는 것은 어떻게 표현할까요?

I **play** basketball **every Monday**. 나는 월요일마다 농구를 한다.

He **plays** soccer with his father **every weekend**. 그는 아빠와 함께 주말마다 축구를 한다.

매일, 혹은 이틀에 한 번 등 주기적으로 하는 운동을 표현할 때에는 과거를 나타내는 단어를 쓰지 않고 현재형으로 나타내요. 그리고 every 뒤의 단어는 '–s'(복수형)의 형태로 쓰지 않아요.

2 괄호 안에서 맞는 것을 고르세요.

1) I (played / play) tennis every month.

2) I play soccer every (Sunday / Sundays).

3) He (playing / plays) baseball game every day.

> **Tip**
> every day = 매일
> every month = 매달
> every week = 매주
> every Monday
> = 매주 월요일

C EXERCISE

1 빈칸에 알맞은 것을 보기에서 골라 쓰세요.

> [보기] play, plays, playing, every, bored

1) I am _____ .

2) I _____ basketball every month.

3) She _____ hide-and-seek with me every day.

2 순서대로 표에서 골라 우리말에 맞게 영어로 쓰세요.

I	play	soccer	every	month.
He	plays	badminton		week.
She		tennis		Friday.
		baseball		

1) 나는 매주 축구를 한다. ➡ I play soccer every week.

2) 나는 매달 야구를 한다. ➡ _____

3) 그는 매주 테니스를 친다. ➡ _____

4) 그녀는 금요일마다 배드민턴을 친다. ➡ _____

3 괄호 안의 단어를 우리말에 맞게 배열하세요.

1) 그는 매우 화가 난다. (very / is / angry.)
➡ He is very angry.

2) 그는 피곤하다. (tired / feels)
➡ He

3) 시우는 매일 축구를 한다. (every day / soccer / plays)
➡ Siwoo

4) 나는 매주 월요일마다 탁구를 친다. (every / table tennis / play / Monday)
➡ I

D EDITING

승현이의 좋아하는 운동에 대한 글을 읽고 <u>잘못된</u> 부분을 다섯 곳 찾아 고쳐 쓰세요.

[보기]   My father cann't play badminton. 우리 아빠는 배드민턴을 못 친다.

         can't

    i can play badminton. 나는 배드민턴을 칠 수 있다.

    I

I enjoy playing soccer, baseball, and table tennis.

나는 축구, 야구, 탁구 치는 것을 즐긴다.

My favorite sport is soccer.

내가 가장 좋아하는 운동은 축구다.

I can playing soccer very well.

나는 축구를 잘 할 수 있다.

I'm good at kicking the ball.

나는 공을 잘 찬다.

My friend Gilsu like soccer, too.

내 친구 길수도 축구를 좋아한다.

We play soccer at the playground every Tuesdays.

우리는 매주 화요일마다 운동장에서 축구를 한다.

I'm very happy.

나는 매우 행복한다.

Gilsu don't have a soccer ball, so I has to take my soccer ball.

길수는 축구공이 없어서 내가 축구공을 가져가야만 한다.

We have to go home before 5 p.m.

우리는 5시 전에 집에 가야 한다.

E FREE WRITING

1 다음 물음에 영어로 답하세요.

> **Q1**. What is your favorite sport or game? 좋아하는 운동이나 게임은 무엇인가요?
>
> **Q2**. Where do you play it? 그것을 어디서 하나요?
>
> **Q3**. Who do you play with? 누구랑 했나요?
>
> **Q4**. How often do you play it? 그것을 얼마나 자주 하나요?
>
> **Q5**. How do you feel when you play it? 그것을 할 때 기분이 어떤가요?

2 위의 질문에 대한 답을 바탕으로 승현이처럼 운동장에서 즐길 수 있는 운동이나 놀이에 대해 영어로 쓰세요.

DOUBLE PUZZLE

앞에서 배운 단어들을 잘 기억해 보세요. 아래 각 단어의 철자를 바르게 배열
해서 해당되는 숫자에 있는 알파벳으로 마지막 문장을 완성하세요.

TNIABODMN

⊡⊡⊡⊡⊡⊡⊡⊡⊡
　　　　　1

BELSALBA

⊡⊡⊡⊡⊡⊡⊡⊡
　　　　　　6

CESORC

⊡⊡⊡⊡⊡⊡
　　　2

SIWGN

⊡⊡⊡⊡⊡

NFU

⊡⊡⊡
5

PAPHY

⊡⊡⊡⊡⊡
　3　　　7

NITENS

⊡⊡⊡⊡⊡⊡
　　4

⊡　⊡⊡⊡　⊡⊡⊡
1　2　3　4　5　6　7

A 지금까지 배웠던 단어들을 다시 한 번 복습해 보세요.

1 각 주제에 맞는 단어들을 쓰세요.

과목

Korean,

행사

sports day,

운동 / 놀이

soccer,

달 / 요일

January,

장소 / 건물

school,

2 영어는 우리말로, 우리말은 영어로 바꿔 쓰세요.

1) math ➡ _____

2) science ➡ _____

3) Thursday ➡ _____

4) jump rope ➡ _____

5) hospital ➡ _____

6) park ➡ _____

7) 숨바꼭질 ➡ _____

8) 사회 ➡ _____

9) 10월 ➡ _____

10) 축구 ➡ _____

11) 빵집 ➡ _____

12) 약국 ➡ _____

B 빈칸에 알맞은 표현을 써서, 자신의 수업에 대해 쓰세요.

I have _____ , _____ and _____ class on _____ .

나는 _____ 요일에 _____ , _____ , _____ 수업이 있다.

I don't like _____ .

나는 _____ 을(를) 좋아하지 않는다.

It is difficult. 그것은 어렵다.

My favorite subject is _____ .

내가 좋아하는 과목은 _____ 이다.

I like to play _____ at _____ .

나는 _____ 에서 _____ 하는 것을 좋아한다.

C 지금까지 배운 내용을 바탕으로 우리 집 주변 건물들을 소개해 보세요.

I live in

Making a School Newspaper

우리 반과 학교에 대한 영자 신문을 만들어 보세요.

Date:	Classroom Newspaper Special Edition	Name:

School Events

Month	Date	Events
March	2nd	opening day
April		
May		
June		
July		summer vacation
September		
October		
November		
December		

Schedule

	Mon	Tue	Wed	Thu	Fri
1					
2					
3					
4					
5					
6					

Favorite Subjects

My classmate like _____

_____ class the most.

We have _____ class on _____

WEEK 3

My Everyday Life

UNIT 1 Things I like
내가 좋아하는 것 소개하기

 KEY SENTENCE

1 I like to play the piano.

2 It is very spicy.

3 I like spring because it's warm.

교과서 연계 단원

★ 5학년	대교	3. Do You Want Some More?	★ 6학년	천재(윤)	2. My Favorite Season Is Spring.
	천재(함)	6. Help Your Self!		천재(함)	3. Why Are You Happy?
		8. How Was Your Vacation?		대교	11. Why Do You Like Winter?
	YBM	13. What Season Do You Like?		YBM	12. Why Are You Upset?

hobby

food

Me

season

[보기] playing the piano, drawing, cooking, playing soccer, swimming, playing computer games, origami, Korean food, fast food, fruit, snacks, sweets, Spring, summer, fall, winter

 생각해 보세요.

▶ 좋아하는 취미는 무엇인가요?
▶ 좋아하는 음식은 무엇인가요?
▶ 좋아하는 소풍 장소는 어디인가요?

1 Hobby 취미

좋아하는 취미를 표현해요.

A WORDS

1 알고 있는 단어에 동그라미 하세요.

> drawing 그리기 cooking 요리하기 swimming 수영하기 playing the piano 피아노 연주하기
>
> playing soccer 축구하기 playing computer games 컴퓨터 게임 하기 origami 종이 접기
>
> exciting / excited 신나는 boring / bored 지루한 fun 재미있는 easy 쉬운 difficult 어려운

2 우리말은 영어로, 영어는 우리말로 쓰세요.

origami		수영하기	
drawing		축구하기	
cooking		컴퓨터 게임 하기	
exciting		쉬운	
difficult		재미있는	

3 새로 알게 된 단어나 구문을 세 개 골라 세 번씩 쓰세요.

B WRITING POINT

Point 1 좋아하거나 잘하는 것에 대한 표현을 다시 한 번 정리해 볼까요?

My favorite hobby is origami. 내가 가장 좋아하는 취미는 종이 접기다.

I like to play the piano. 나는 피아노 치는 것을 좋아한다.

I am good at draw**ing**. 나는 그리기를 잘한다.

'내가 가장 좋아하는 취미는 ～이다'는 'My favorite hobby is ～'이고 '～하기를 좋아한다'는 'I like to ～'인 것 기억하나요? '～을 잘한다'라는 뜻인 'be good at'은 뒤에 '–ing'가 온다는 것 잊지 마세요.

1 잘못된 곳을 찾아 바르게 고쳐 쓰세요.

1) I am good at draw. ➡ _____

2) I like to drawing birds. ➡ _____

3) My favorite hobby is play the violin. ➡ _____

Point 2 기분을 나타내는 방법을 더 알아볼까요?

Origami is **exciting**. 종이 접기는 신난다.

I'm **excited**. 나는 신난다.

Playing chess is **boring**. 체스 하는 것은 지루하다.

I'm **bored**. 나는 지루하다.

어떤 것이 재미있거나 지루하다고 표현하고 싶을 때에는 exciting, boring을, 내가 재미있거나 지루하다고 느낄 때에는 excited, bored를 써요.

2 괄호 안에서 맞는 것을 고르세요.

1) I am (boring / bored).

2) Swimming is (exciting / excited).

3) Playing computer games (is / are) exciting.

Tip
문장이 사람으로 시작하면
bored, excited. 기분을 느끼게
하는 대상으로 시작하면
boring, exciting이에요.

C EXERCISE

1 빈칸에 알맞은 것을 보기에서 골라 쓰세요.

> [보기] play, swimming, favorite, the most, play the piano

1) I like to _____ soccer.

2) I am good at _____ .

3) My _____ hobby is drawing.

2 순서대로 표에서 골라 우리말에 맞게 영어로 쓰세요.

I	am	excited. bored.
	like to	swim. read a book.
My hobby	is	playing baseball. cooking. / running.

1) 나는 신이 난다. ➡ I am excited.

2) 나는 지루하다. ➡ _____

3) 내 취미는 요리다. ➡ _____

4) 나는 책 읽는 것을 좋아한다. ➡ _____

3 괄호 안의 단어를 우리말에 맞게 배열하세요.

1) 종이 접기는 재미있다. (fun / is)
   ➡ Origami is fun.

2) 내 취미는 책 읽기다. (hobby / is / a / book / reading)
   ➡ My _____

3) 내가 가장 좋아하는 취미는 축구다. (favorite / soccer / playing / hobby / is)
   ➡ My _____

4) 나는 요리를 잘한다. (am / good / cooking / at)
   ➡ I _____

120

D CONTROLLED WRITING

1 진우의 취미를 소개하는 글을 읽어 보세요.

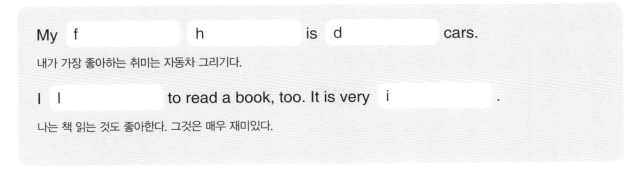

I **like to** play soccer. 나는 축구를 좋아한다.

Playing soccer is my favorite hobby.
축구는 내가 가장 좋아하는 취미다.

It is **exciting**.
그것은 신난다.

2 우리말에 맞게 빈칸에 주어진 철자로 시작하는 단어를 쓰세요.

My f⎯⎯⎯ h⎯⎯⎯ is d⎯⎯⎯ cars.

내가 가장 좋아하는 취미는 자동차 그리기다.

I l⎯⎯⎯ to read a book, too. It is very i⎯⎯⎯.

나는 책 읽는 것도 좋아한다. 그것은 매우 재미있다.

3 진우처럼 취미를 소개하는 글을 쓰세요.

2 Food 음식

좋아하는 음식에 대해 알아봐요.

A WORDS

1 알고 있는 단어에 동그라미 하세요.

strawberry 딸기 kiwi 키위 orange 오렌지 tomato 토마토 apple 사과 pear 배

watermelon 수박 grapes 포도 carrot 당근 meat 소고기 cabbage 배추 plum 자두

cucumber 오이 onion 양파 spinach 시금치 broccoli 브로콜리 garlic 마늘 zucchini 애호박

mushroom 버섯 pork 돼지고기

salty 짠 sweet 달콤한 delicious 맛있는 sour 신 yummy 맛있는 spicy 매운

2 위에서 음식을 나타내는 단어를 색깔 별로 분류해서 쓰세요.

red

green

purple

3 새로 알게 된 단어를 세 개 골라 세 번씩 쓰세요.

B WRITING POINT

Point 1 맛을 표현하는 방법을 알아볼까요?

It's **delicious**. / It **tastes good**. / It's **yummy**. 그것은 맛있다.

It's **too** spicy. 그것은 너무 맵다.

It's **very** salty. 그것은 매우 짜다.

'맛있다'는 It's delicious. It tastes good. It's yummy.처럼 여러 가지 표현이 있어요. 그리고 '너무 달다', '너무 맵다'처럼 강조하고 싶으면 too sweet, too spicy, very sweet, very spicy로 맛 표현 단어 앞에 too나 very를 붙여요.

1 잘못된 곳을 찾아 바르게 고쳐 쓰세요.

1) It tastes well. ➡ _____

2) It is very spice. ➡ _____

3) There is salty. ➡ _____

Point 2 음식에 관련된 다른 표현을 알아볼까요?

Japchae **is made with** many vegetables. 잡채는 많은 채소들로 만든다.

My family **eats out** for dinner. 우리 가족은 저녁을 먹으러 나간다.

어떤 재료를 가지고 음식을 만든다고 표현할 때는 '~ is made with …'를 써서 나타내요. '외식하러 나가다'는 표현을 하고 싶을 때는 eat out을 사용해요.

2 괄호 안에서 맞는 것을 고르세요.

1) It (taste / tastes) good.

2) I like to eat (out / to) for dinner.

3) Sushi is (made / make) with rice and fish.

Tip

I나 You 뒤에는 like, She, He, It과 같은 단수(하나, 한 명) 주어에서는 동사에 '–s'를 붙여 likes로 나타내요. eat도 마찬가지예요.

She eats pizza. It tastes good.
그녀는 피자를 먹는다. 그것은 맛있다.

1 빈칸에 알맞은 것을 보기에서 골라 쓰세요.

> [보기] at, on, for, out, with

1) I am good _____ cooking.

2) My family eats _____ every day.

3) Galbi is made _____ meat and vegetables.

2 순서대로 표에서 골라 우리말에 맞게 영어로 쓰세요.

Tteokbokki	is	spicy.
Chocolate		sour.
Lemon		sweet.
		delicious.

1) 떡볶이는 맛있다. ➡ Tteokbokki is delicious.

2) 레몬은 시다. ➡ _____

3) 초콜렛은 달다. ➡ _____

4) 떡볶이는 맵다. ➡ _____

3 괄호 안의 단어를 우리말에 맞게 배열하세요.

1) 김치는 맵다. (spicy / is)
➡ Kimchi is spicy.

2) 그것은 짜지만 맛있다. (but / salty / delicious / is)
➡ It

3) 우리 가족은 일요일마다 외식을 한다. (eats / every / out / family / Sunday)
➡ My

4) 비빔밥은 밥, 호박, 당근, 고기를 가지고 만든다.
(made / with / carrot / meat / and / rice / zucchini / is)
➡ Bibimbap

D GUIDED WRITING

1 나영이가 음식에 대해 소개하는 글을 읽어 보세요.

좋아하는 음식   I like <u>jajangmyeon</u>. 나는 자장면을 좋아한다.

재료   It is made with <u>noodle, vegetables and pork</u>.
그것은 면, 채소, 돼지고기로 만든다.

맛   It is <u>delicious</u>. 그것은 맛있다.

식당   I like to eat out at <u>Chinese restaurants</u>.
나는 중국 음식점에 가는 것을 좋아한다.

My father likes jajangmyeon, too.
우리 아빠도 자장면을 좋아하신다.

2 나영이처럼 좋아하는 음식을 소개하는 글을 쓰세요.
(밑줄 친 부분을 자신이 좋아하는 음식에 맞게 바꿔보면 쉽게 쓸 수 있어요.)

좋아하는 음식

재료

맛

식당

▶

3 Season 계절

좋아하는 계절을 묘사해요.

1 알고 있는 단어에 동그라미 하세요.

> mountain 산   beach 해변   pool 수영장   snow 눈   hill 언덕   season 계절   spring 봄
>
> summer 여름   fall 가을   winter 겨울   scenery 경치
>
> ----
>
> cool 시원한   hot 더운   warm 따뜻한   cold 추운   happy 행복한   fresh 신선한   tired 피곤한
>
> hard 힘든   beautiful 아름다운   healthy 건강한   climb 오르다   exhausted 지친

2 주어진 단어를 보고 연상되는 단어를 위에서 골라 쓰세요.

```
[          ]    [          ]    [          ]    [          ]


         summer                           mountain


[          ]    [          ]    [          ]    [          ]
```

3 새로 알게 된 단어를 세 개 골라 세 번씩 쓰세요.

B WRITING POINT

Point 1 이유를 설명할 때 필요한 연결어를 알아볼까요?

I like winter **because** I like snow.

나는 눈을 좋아하기 때문에 겨울을 좋아한다.

I like spring **because** it's warm.

나는 따뜻하기 때문에 봄을 좋아한다.

because는 '~ 때문에'라는 뜻이고 주로 두 개의 문장을 연결해 주는 역할을 해요.

> **Tip**
>
> 계절 앞에는 in을 써요.
>
> in spring 봄에   in summer 여름에
> in fall 가을에   in winter 겨울에

1 잘못된 곳을 찾아 바르게 고쳐 쓰세요.

1) It's cool because I like fall. ➡ _____

2) I like to climb a mountain on summer. ➡ _____

3) I like spring because I can seeing beautiful flowers. ➡ _____

Point 2 when의 다른 뜻을 알아볼까요?

When I go to the beach, I am happy. 해변에 갈 때 나는 행복하다.

I am excited **when** I see big waves. 큰 파도를 볼 때 나는 신이 난다.

when이 '언제'라는 뜻 외에도 '~할 때'라는 의미를 가지며 문장 맨 앞에 오면 ','로 다음 문장과 구분해요.

2 괄호 안에서 맞는 것을 고르세요.

1) I am (tired / tiring) when I read books.

2) I like summer (because / when) I can swim in the sea.

3) I'm hot (when / where) I climb a mountain in summer.

C EXERCISE

1 빈칸에 알맞은 것을 보기에서 골라 쓰세요.

> [보기] and, but, when, summer, because

1) I like fall _____ winter.

2) I like winter, _____ I don't like snow.

3) I don't like winter _____ it's cold.

2 순서대로 표에서 골라 우리말에 맞게 영어로 쓰세요.

I'm	excited bored happy cold	when	I	climb a mountain. read a book. ride a bike. eat ice cream.

1) 나는 책을 읽을 때 지루하다. ➡ I'm bored when I read a book.

2) 나는 산에 오를 때 신 난다. ➡ _____

3) 나는 자전거를 탈 때 행복하다. ➡ _____

4) 나는 아이스크림을 먹을 때 춥다. ➡ _____

3 괄호 안의 단어를 우리말에 맞게 배열하세요.

1) 나는 따뜻해서 봄이 좋다. (warm / because / like / spring / is / it)
   ➡ I like spring because it is warm.

2) 나는 여름에 수영을 즐긴다. (enjoy / summer / swimming / in)
   ➡ I _____

3) 나는 꽃을 좋아하기 때문에 봄이 좋다. (like / flowers / spring / because / I / like)
   ➡ I _____

4) 나는 산에 오를 때 피곤하다. (tired / climb / a mountain / I / when / am)
   ➡ I _____

128

D EDITING

윤지가 좋아하는 계절에 관해 쓴 글을 읽고 <u>잘못된</u> 부분을 다섯 곳 찾아 고쳐 쓰세요.

[보기]   He like spring because it's warm.

likes

그는 따뜻하기 때문에 봄을 좋아한다.

I have many hobbies. 나는 취미가 많다.

I enjoy swimming in summer. 나는 여름에는 수영을 즐긴다.

I like to skating in winter. 겨울에는 스케이트 타는 것을 좋아한다.

I read a book in fall. 가을에는 책을 읽는다.

I like spring the most because spring is an warm. 나는 봄을 가장 좋아하는데 따뜻하기 때문이다.

The scenery is nice on spring, too. 봄에는 경치도 좋다.

So I like to climb a mountain in spring. 그래서 나는 봄에 산에 오르는 것을 좋아한다.

I'm exciting when I go to the mountaintop. 나는 산꼭대기에 갈 때면 신이 난다.

I have lunch at the mountaintop.
나는 산꼭대기에서 점심을 먹는다.

My lunch is Gimbab, and it's delicious.
내 점심은 김밥인데 맛있다.

Gimbap is my favorite food.
김밥은 내가 가장 좋아하는 음식이다.

It is made out rice, ham, and vegetables.
그것은 밥, 햄, 야채를 가지고 만든다.

E FREE WRITING

1 다음 물음에 영어로 답하세요.

> **Q1**. What is your hobby? 취미가 무엇인가요?
>
> **Q2**. When do you enjoy your hobby? 언제 취미를 즐기나요?
>
> **Q3**. Which season do you like the most? 어떤 계절을 가장 좋아하나요?
>
> **Q4**. Why do you like that season? 그 계절을 왜 좋아하나요?
>
> **Q5**. What do you do in that season? 그 계절에 무엇을 하나요?
>
> **Q6**. What is your favorite food? 좋아하는 음식은 무엇인가요?
>
> **Q7**. When do you eat it? 언제 그것을 먹나요?
>
> **Q8**. What is the food made with? 그 음식은 무엇으로 만드나요?

2 위의 질문에 대한 대답을 바탕으로 윤지처럼 내가 좋아하는 취미와 계절에 대해 영어로 쓰세요.

[보기]

DELICIOUS

FALL

ORANGE

SPRING

TOMATO

SUMMER

WATERMELON

SWEET

WINTER

N	Q	S	F	Z	I	O	S	U	S
G	O	A	X	I	W	R	U	F	U
P	L	L	R	R	I	A	M	U	O
L	X	A	E	I	Z	N	M	W	I
T	P	Z	U	M	I	G	E	W	C
F	Z	J	N	P	R	E	R	H	I
T	O	M	A	T	O	E	K	Q	L
S	P	R	I	N	G	L	T	F	E
R	E	T	N	I	W	J	V	A	D
T	E	E	W	S	X	B	Q	Y	W

UNIT 2 Special Day
특별한 날 소개하기

 KEY SENTENCE

1 Yesterday was my birthday.

2 I went to the park.

3 I am going to go hiking.

 교과서 연계 단원

132

WARM UP 다음 그림에 알맞은 단어를 보기에서 찾아 쓰세요.

[보기]   New Year's Day, Arbor Day, Children's Day,
Buddha's Birthday, Chuseok, Parents' Day, Christmas,
Teacher's Day, my birthday

생각해 보세요.

▶ 가장 좋아하는 날은 언제인가요?
▶ 좋아하는 이유는 무엇인가요?
▶ 그날 주로 무엇을 하나요?

1 Birthday 생일

생일에 무엇을 했는지 써봐요.

A WORDS

1 알고 있는 단어에 동그라미 하세요.

today 오늘   yesterday 어제   birthday 생일   present 선물   gift 선물   card 카드   party 파티

help 돕다 – helped	play 놀다 – played
cook 요리하다 – cooked	wash 씻다 – washed
receive 받다 – received	want 원하다 – wanted
like 좋아하다 – liked	invite 초대하다 – invited

2 우리말은 영어로, 영어는 우리말로 쓰세요.

invite		오늘	
wash		카드	
cooked		어제	
help		파티	
gift		원하다	

3 새로 알게 된 단어를 세 개 골라 세 번씩 쓰세요.

B　WRITING POINT

Point 1　지나간 과거를 표현하는 방법을 알아볼까요?

It **was** fun. 그것은 재미있었다.

I **was** happy yesterday. 나는 어제 행복했다.

They **were** excited last Sunday. 그들은 지난 일요일 신이 났었다.

지나간 과거로 쓸 때는 am ➡ was / is ➡ was / are ➡ were로 바뀌어요. yesterday(어제), last Sunday(지난 일요일), last month(지난 달), last year(작년)처럼 지난 시점을 나타내는 단어와 같이 쓰이는 경우가 많아요.

1　잘못된 곳을 찾아 바르게 고쳐 쓰세요.

1) I were tired.　　　　　➡ _____

2) It were exciting.　　　➡ _____

3) They was happy.　　　➡ _____

Point 2　지나간 일을 표현하는 방법을 더 알아볼까요?

I invite**d** my friends to my birthday party.

나는 내 생일 파티에 친구들을 초대했다.

My mother cook**ed** cake and pizza for my birthday party.

우리 엄마는 내 생일 파티를 위해 스파게티와 피자를 요리했다.

My friend, Suho enjoy**ed** eating pizza. 내 친구 수호는 피자 먹는 것을 좋아했다.

과거를 표현할 때에는 단어 뒤에 '–ed'를 붙여 주면 돼요. 하지만 '–e'로 끝나는 단어에는 '–d'만 붙여 주세요.

2　괄호 안에서 맞는 것을 고르세요.

1) I (like / liked) her last year.

2) I (help / helped) my mom yesterday.

3) They like to (play / played) card game.

Tip

단어가 'e'로 끝나면 '–d'만 붙이면 과거형이 돼요.

I liked him.
나는 그를 좋아했다.

C EXERCISE

1 빈칸에 알맞은 것을 보기에서 골라 쓰세요.

> [보기] play, played, cook, cooked, birthday

1) We ＿＿＿＿＿＿＿ baseball yesterday.

2) I helped my mother when she ＿＿＿＿＿＿＿ spaghetti.

3) I cooked bulgogi because today is my mother's ＿＿＿＿＿＿＿ .

2 순서대로 표에서 골라 의미가 통하도록 세 개의 문장을 만드세요.

I	received	presents.
He	invited	computer game.
She	played	spaghetti.
	cooked	my friends.

1) I received presents.

2) ＿＿＿＿＿＿＿＿＿＿＿＿＿＿＿＿＿＿＿

3) ＿＿＿＿＿＿＿＿＿＿＿＿＿＿＿＿＿＿＿

4) ＿＿＿＿＿＿＿＿＿＿＿＿＿＿＿＿＿＿＿

3 괄호 안의 단어를 우리말에 맞게 배열하세요.

1) 어제는 그의 생일이었다. (was / birthday / his)

 ➡ Yesterday was his birthday.

2) 나는 그 선물을 좋아했다. (present / the / liked)

 ➡ I ＿＿＿＿＿＿＿＿＿＿＿＿＿＿＿＿＿

3) 어제 나는 친구와 카드 게임을 했다. (played / I / with / my / card games / friend)

 ➡ Yesterday ＿＿＿＿＿＿＿＿＿＿＿＿＿＿

4) 나는 내 생일 파티에 친구들을 초대했다. (invited / my / friends / birthday / party / my / to)

 ➡ I ＿＿＿＿＿＿＿＿＿＿＿＿＿＿＿＿＿

D CONTROLLED WRITING

1 재식이가 생일에 한 일을 소개하는 글을 읽어 보세요.

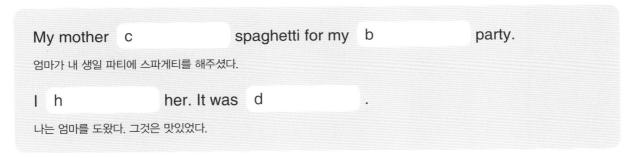

Today is my birthday.
오늘은 내 생일이다.

I **invited** my friends to my birthday party.
나는 생일 파티에 친구들을 초대했다.

We **ate** pizza and chicken.
우리는 피자와 치킨을 먹었다.

I **was** happy. 나는 행복했다.

2 우리말에 맞게 빈칸에 주어진 철자로 시작하는 단어를 쓰세요.

My mother   c   spaghetti for my   b   party.

엄마가 내 생일 파티에 스파게티를 해주셨다.

I   h   her. It was   d   .

나는 엄마를 도왔다. 그것은 맛있었다.

3 재식이처럼 생일에 무엇을 하며 보냈는지 영어로 쓰세요.

2 Holiday 공휴일

즐거웠던 공휴일을 생각해 봐요.

A WORDS

1 알고 있는 단어에 동그라미 하세요.

> Children's Day 어린이날   Parents' Day 어버이날   Christmas 크리스마스
>
> New Year's Day 새해 첫 날   Arbor Day 식목일   Teacher's Day 스승의 날
>
> Buddha's Birthday 석가탄신일   temple 절
>
> say 말하다 – said   buy 사다 – bought   study 공부하다 – studied
>
> make 만들다 – made   try 노력하다 – tried   see 보다 – saw   cry 울다 – cried
>
> get 얻다 – got   meet 만나다 – met   give 주다 – gave   go 가다 – went

2 다음 문장을 과거에 있었던 일로 바꿔 쓰세요.

I <u>go</u> to the park.　　　　　➡ _____

I <u>meet</u> my friends.　　　　➡ _____

They <u>buy</u> me socks.　　　　➡ _____

It <u>is</u> exciting.　　　　　　➡ _____

3 새로 알게 된 단어를 세 개 골라 세 번씩 쓰세요.

_____

_____

_____

_____

_____

B WRITING POINT

Point 1 과거를 표현하는 방법을 좀 더 알아볼까요?

I **studied** math. 나는 수학을 공부했다.

We **went** to the park. 우리는 그 공원에 갔다.

She **ate** tteokguk. 그녀는 떡국을 먹었다.

대부분의 단어는 과거를 표현할 때 단어 뒤에 '–ed'나 '–d'를 붙여 주면 돼요. 하지만 studied나 cried처럼 '–y'로 끝나는 단어는 'y'를 빼고 '–ied'를 붙여요. 그리고 ate, got, met처럼 과거 표현에서 형태가 아예 바뀌는 단어들도 꼭 알아두세요.

Tip

과거형의 부정을 나타낼 때는 'didn't'를 사용해요.

I didn't like the flowers. 나는 꽃을 좋아하지 않았다.

1 잘못된 곳을 찾아 바르게 고쳐 쓰세요.

1) I meetied my friends. ➡ _____

2) Eunsu studyed English. ➡ _____

3) We eated dinner together. ➡ _____

Point 2 문장을 자연스럽게 연결하는 방법을 알아볼까요?

I like Christmas, **and** my mom likes New Year's Day.

나는 크리스마스를 좋아하고 엄마는 새해 첫 날을 좋아한다.

She was hungry, **but** there was no food. 그녀는 배가 고팠지만 음식이 없었다.

Seho was happy **because** it was Children's Day. 세호는 어린이날이었기 때문에 행복했다.

and(그리고), but(그러나), because(왜냐하면)는 두 개의 문장을 연결해 주는 역할을 해요.

2 괄호 안에서 맞는 것을 고르세요.

1) I like pizza, (and / but) my brother likes it, too.

2) He likes Amy, (because / but) she doesn't like him.

3) Eunjin went to the hospital (and / because) she was sick.

C EXERCISE

1 빈칸에 알맞은 것을 보기에서 골라 쓰세요.

> [보기] Children's Day, Buddha's Birthday, Arbor Day

1) I planted trees on _____ .

2) On _____ , my family went to the temple.

3) My parents gave me a present on _____ .

2 순서대로 표에서 골라 의미가 통하도록 세 개의 문장을 만드세요.

I like	Christmas	, and	my mom doesn't like it.
	New Year's Day	, but	I received a present.
	Chuseok	because	my brother likes it, too.
	Children's Day		

1) I like Chuseok, but my mom doesn't like it.

2) _____

3) _____

4) _____

3 괄호 안의 단어를 우리말에 맞게 배열하세요.

1) 나는 추워서 집에 있었다. (was / cold / because / it / stayed / home / at)

   ➡ I stayed at home because it was cold.

2) 나는 공원에 갔지만 그것은 즐겁지 않았다. (the park / to / went / not / was / exciting / but / it)

   ➡ I

3) 나는 아팠기 때문에 학교에 가지 않았다. (sick / go / to / school / didn't / because / was / I)

   ➡ I

4) 어제는 일요일이었지만 나는 학교에 갔다. (was / I / to / Sunday / but / went / school)

   ➡ Yesterday

D GUIDED WRITING

1 의태가 어린이날을 어떻게 보냈는지 쓴 글을 읽어 보세요.

공휴일	Today is <u>Children's Day</u>. 오늘은 어린이날이다.
있었던 일	My family went to <u>Children's Grand Park</u>. 우리 가족은 어린이 대공원에 갔다.
	I saw <u>many animals</u>. 나는 많은 동물들을 보았다.
and / but	I liked bears, and my younger sister liked birds. 나는 곰을 좋아했고 여동생은 새를 좋아했다.
	My parents gave me a present. 부모님은 나에게 선물을 주셨다.
because	I was happy <u>because</u> the present was my favorite toy. 그 선물은 내가 가장 좋아하는 장난감이어서 나는 기뻤다.

2 의태처럼 공휴일에 무엇을 하며 보냈는지 영어로 쓰세요.

(밑줄 친 부분을 나의 상황에 맞게 바꿔보면 쉽게 쓸 수 있어요.)

공휴일	
있었던 일	
and / but	
because	
기분	

3 Vacation 방학

즐거운 방학에 무엇을 하는지 써봐요.

A WORDS

1 알고 있는 단어에 동그라미 하세요.

go shopping 쇼핑하러 가다	go fishing 낚시하러 가다	go dancing 춤추러 가다
go camping 캠핑하러 가다	go skiing 스키 타러 가다	go skating 스케이트 타러 가다
do homework 숙제 하다	do the dishes 설거지하다	do the best 최선을 다하다

2 주어진 단어와 함께 쓰이는 표현을 위에서 골라 쓰세요.

3 새로 알게 된 단어나 구문을 세 개 골라 세 번씩 쓰세요.

142

B WRITING POINT

Point 1 앞으로 할 일이나 계획은 어떻게 표현할까요?

I **am going to** study hard. 나는 공부를 열심히 할 예정이다.

He **is going to** go fishing. 그는 낚시를 갈 예정이다.

They **are going to** visit my house. 그들은 우리 집을 방문할 예정이다.

'be going to ~'는 '~을 할 예정이다'라는 뜻이에요. 미리 마음 먹었거나 예정된 일을 표현할 때 써요. to 뒤에는 '−ed, −ing, −s' 등을 붙이지 않고 동사의 원래 형태를 쓴다는 것 잊지 마세요.

1 잘못된 곳을 찾아 바르게 고쳐 쓰세요.

1) He is go to study math. ➡ _____

2) They are going to cooking. ➡ _____

3) I'm going at watch a movie. ➡ _____

Point 2 함께 쓰여 새로운 뜻을 만드는 표현을 알아봅시다.

My mother likes to **go shopping**. 우리 엄마는 쇼핑하러 가는 것을 좋아한다.

I'm going to **go hiking**. 나는 하이킹을 갈 예정이다.

I am going to **do my homework**. 나는 숙제를 할 것이다.

---

do는 homework, dishes와 같은 명사와 함께 쓰여 그 명사와 관련된 행위를 한다는 의미가 돼요. 그리고 'go −ing'는 '~을 하러 가다'라는 뜻이에요.

2 괄호 안에서 맞는 것을 고르세요.

1) I like to (go / do) camping.

2) She is going to (go / do) the dishes.

3) He is going to (go / do) his homework.

C EXERCISE

1 빈칸에 알맞은 것을 보기에서 골라 쓰세요.

> **[보기]** climb, camping, exercise, skating, dishes

1) She is going to ＿＿＿＿＿＿＿ a mountain.

2) He is going to do the ＿＿＿＿＿＿＿ after lunch.

3) I am going to go ＿＿＿＿＿＿＿ at Lotte ice rink.

2 순서대로 표에서 골라 의미가 통하도록 세 개의 문장을 만드세요.

I	am	going to	play badminton. / go to the sea. /
He / She	is		do the dishes. / climb a mountain. /
We / They	are		visit my grandfather. / study English.

1) _She is going to do the dishes._

2) ＿＿＿＿＿＿＿＿＿＿＿＿＿＿＿＿＿＿＿＿＿＿

3) ＿＿＿＿＿＿＿＿＿＿＿＿＿＿＿＿＿＿＿＿＿＿

4) ＿＿＿＿＿＿＿＿＿＿＿＿＿＿＿＿＿＿＿＿＿＿

3 괄호 안의 단어를 우리말에 맞게 배열하세요.

1) 나는 축구를 할 예정이다. (going / am / play / to / soccer)
   ➡ _I am going to play soccer._

2) 우리 가족은 할아버지 댁에 갈 예정이다. (visit / grandfather's house / going / is / to / my)
   ➡ _My family_

3) 우리 언니는 일요일에 쇼핑하러 갈 예정이다. (going / to / on / Sunday / go shopping / is)
   ➡ _My older sister_

4) 나는 이번 겨울 방학에 영어캠프에 참가할 예정이다.
   (join / English camp / going / to / this winter vacation)
   ➡ _I'm_

D EDITING

소희가 추석에 있었던 일에 대해 쓴 글을 읽고 괄호 안의 단어를 내용에 맞게 고쳐 쓰세요.

[보기] She (go) shopping last Sunday.

went

그녀는 지난 일요일에 쇼핑을 하러 갔다.

Yesterday (is) Chuseouk.

어제는 추석이었다.

So I (go) to my grandparents' house with my family.

그래서 나는 가족과 함께 할머니 할아버지 댁에 갔다.

I (play) a card game and (eat) songpyeon.

나는 카드 게임을 했고, 송편을 먹었다.

My grandfather (give) me some money.

할아버지께서 돈을 주셨다.

I (am) happy.

나는 행복했다.

Tomorrow, we are (go) to visit uncle's house.

내일 우리는 삼촌 댁을 방문할 예정이다.

1 다음 물음에 영어로 답하세요.

> **Q1**. What is your favorite holiday? 가장 좋아하는 휴일은 언제인가요?
>
> **Q2**. Where did you go on that day? 그날 어디에 갔었나요?
>
> **Q3**. What did you do on that day? 그날 무엇을 했었나요?
>
> **Q4**. How did you feel on that day? 그날 기분은 어땠나요?
>
> **Q5**. What are you going to do this holiday? 이번 휴일에는 무엇을 할 예정인가요?

2 위의 질문에 대한 대답을 바탕으로 소희처럼 특별한 날에 대해 영어로 쓰세요.

앞에서 배운 단어들을 기억해 보세요. 가로(Across)와 세로(Down)
에 해당하는 낱말을 영어로 써서 퍼즐을 완성하세요.

Across

2. 요리하다   3. 캠핑   8. 받다   9. 초대하다   10. 놀다

Down

1. 오늘   4. 선물   5. 숙제   6. 만나다   7. 생일

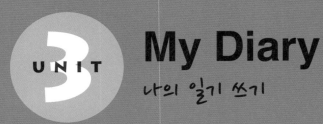

My Diary

UNIT 3

나의 일기 쓰기

 KEY SENTENCE

1. It was sunny.
2. I have a cold.
3. I always get up at 7:00.

교과서 연계 단원

★ **5학년** 천재(윤) 5. I Get Up at 7.

천재(함) 14. I Get Up at Six Thirty.

★ **6학년** 천재(윤) I Have a Headache.

천재(함) 2. I Have a Headache.

9. How Often Do You Exercise?

대교 6. What's Wrong?

YBM 6. I Have a Stomachache.

WARM UP 다음 그림들에 알맞은 표현을 찾아 써보세요.

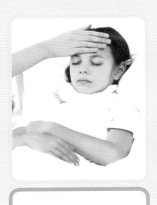

[보기]   get up, study, go to school, be sick, see a doctor, go to bed

생각해 보세요.

▶ 몇 시에 일어나나요?

▶ 학교가 끝나면 주로 무엇을 하나요?

▶ 몸이 아픈 날에는 하루를 어떻게 보내나요?

1 **Weather** 날씨

다양한 날씨를 표현해봐요.

A WORDS

1 알고 있는 단어에 동그라미 하세요.

> sunny 맑은   rainy 비가 오는   cloudy 흐린   snowy 눈이 오는   windy 바람 부는   hot 더운
>
> warm 따뜻한   cool 시원한   cold 추운   foggy 안개 낀   stormy 태풍이 부는   dry 건조한
>
> ---
>
> weather 날씨   umbrella 우산   raincoat 비옷   thunder 천둥   lightning 번개   rain boots 장화
>
> rainbow 무지개   snowman 눈사람

2 우리말은 영어로, 영어는 우리말로 쓰세요.

rainy		맑은	
windy		시원한	
warm		더운	
cold		태풍이 부는	
snowy		안개 낀	

3 새로 알게 된 단어를 세 개 골라 세 번씩 쓰세요.

B WRITING POINT

Point 1 날씨를 표현하는 방법을 알아볼까요?

It is rain**y**. 비가 온다.

It was rain**y**. 비가 왔다.

The weather is sunn**y**. 날씨가 맑다.

'the weather is (was) ~'는 '날씨가 ~하다(했다)'는 뜻이고 the weather대신 it을 쓸 수 있어요.
is나 was 뒤에서 날씨를 표현하는 단어의 형태는 rainy, sunny처럼 주로 '~y'로 끝나요.

> **Tip**
> 날씨를 표현하는 문장 맨 뒤에 day를 붙여도 돼
> 요. 이 때에는 날씨 표현 앞에 a를 붙이세요.
> **It is a sunny day.**
> 맑은 날이다.

1 잘못된 곳을 찾아 바르게 고쳐 쓰세요.

1) This is sunny. ➡ _____

2) The weather is snow. ➡ _____

3) I don't like a rain day. ➡ _____

Point 2 문장을 연결해 주는 다른 단어를 알아봅시다.

It was rainy. **So** I took an umbrella.
비가 왔다. 그래서 나는 우산을 가져갔다.

It was snowy, **so** I went skiing.
눈이 와서 나는 스키를 타러 갔다.

so는 '그래서'라는 뜻으로 두 개의 문장을 자연스럽게 연결해 주는 말이지요.

2 괄호 안에서 맞는 것을 고르세요.

1) It was sunny, (so / but) I played soccer.

2) I was scared (because / so) it was stormy.

3) It was windy. (So / Because) I stayed at home.

C EXERCISE

1 빈칸에 알맞은 것을 보기에서 골라 쓰세요.

> [보기] windy, sunny, snowy, cloudy, foggy

1) It was _____ . So I made a snowman.

2) I can't wear a hat because it is too _____ .

3) The weather is _____ . So I can't see well.

2 순서대로 표에서 골라 의미가 통하도록 세 개의 문장을 만드세요.

It	is	sunny	, so	I took my umbrella.
	was	cold	, but	I went on a picnic.
		windy	, and	I can't play badminton.
		rainy		I went skating.

1) It was windy, but I went on a picnic.

2) _____

3) _____

4) _____

3 괄호 안의 단어를 우리말에 맞게 배열하세요.

1) 폭풍이 치는 날이었다. (was / stormy / day / a)
   ➡ It was a stormy day.

2) 안개가 껴서 엄마가 운전할 수 없다. (drive / can't / so / foggy / is / my mother)
   ➡ It _____

3) 비가 왔지만 나는 줄넘기를 했다. (played / was / rainy / but / I / jump rope)
   ➡ It _____

4) 눈이 와서 나는 스케이트를 타러 갔다. (snowy / so / went / skating / was / I)
   ➡ It _____

D CONTROLLED WRITING

1 은식이가 날씨에 대해 쓴 글을 읽어 보세요.

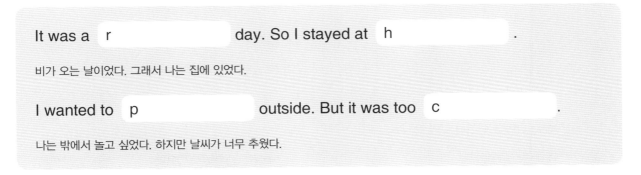

It was **snowy** yesterday.
어제는 눈이 왔다.

It was **cold**.
날씨가 추웠다.

But I made a snowman with my sister at the park.
하지만 공원에서 나는 내 동생과 같이 눈사람을 만들었다.

2 우리말에 맞게 빈칸에 주어진 철자로 시작하는 단어를 쓰세요.

It was a r   day. So I stayed at h   .

비가 오는 날이었다. 그래서 나는 집에 있었다.

I wanted to p   outside. But it was too c   .

나는 밖에서 놀고 싶었다. 하지만 날씨가 너무 추웠다.

3 은식이처럼 날씨와 관련된 경험이나 느낌을 영어로 쓰세요.

2 Sickness 질병

아팠던 날의 느낌을 써봐요.

1 알고 있는 단어에 동그라미 하세요.

pill 알약   cold 감기   fever 열   headache 두통   medicine 약   stomachache 복통

toothache 치통   runny nose 콧물   cough 기침   disease 질병

see a doctor 진찰 받다   catch a cold 감기에 걸리다

take a rest 휴식을 취하다   go into a hospital 입원하다

wear a cast 깁스하다   have a shot 주사를 맞다

2 그림과 관련된 단어를 위에서 찾아 쓰세요.

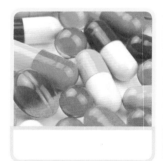   

3 새로 알게 된 단어나 구문을 세 개 골라 세 번씩 쓰세요.

B WRITING POINT

Point 1 아플 때는 어떻게 표현할까요?

I **have** a fever. 나는 열이 있다.

I **had** a cold. 나는 감기가 걸렸다.

I **have** a headache. 나는 두통이 있다. / 나는 머리가 아프다.

I **have** a runny nose. 나는 콧물이 나온다

'have(had) + 질병'은 질병으로 인해 아프다는 것을 표현해요. 질병 앞에 a를 붙여야 하는 것에 주의하세요. 그리고 '몸이 안 좋아요(아파요).'라고 하고 싶을 때는 I am sick.이라고 하면 돼요.

1 잘못된 곳을 찾아 바르게 고쳐 쓰세요.

1) I have cold. 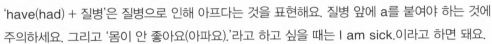　➡　_____

2) I have a head sick.　➡　_____

3) I am a stomachache.　➡　_____

Tip
have(had) a cold
= catch(caught) a cold

Point 2 아플 때는 어떻게 해야 할까요?

I went to **see a doctor**. 나는 의사에게 진찰 받으러 갔다.
I'm going to **take a rest**. 나는 쉴 예정이다.

see a doctor는 '진찰 받다'는 뜻이고, take(took) a rest는 '휴식을 취하다 / 쉬다'라는 뜻이에요.

2 괄호 안에서 맞는 것을 고르세요.

1) I went to (see / saw) a doctor.

2) I want to take (the / a) rest at home.

3) She (took / had) a rest because she was sick.

1 빈칸에 알맞은 것을 보기에서 골라 쓰세요.

[보기] rest, doctor, hospital, toothache, runny nose

1) I caught a cold, so I have a _____ .

2) I wanted to take a _____ because I was so sick.

3) I went to see the dentist because I had a _____ .

2 순서대로 표에서 골라 의미가 통하도록 세 개의 문장을 만드세요.

I	have	a	fever.
She	has		headache.
He	had		toothache.
			stomachache.

1) I have a toothache.

2) _____

3) _____

4) _____

3 괄호 안의 단어를 우리말에 맞게 배열하세요.

1) 나는 배가 아팠다. (had / stomachache / a)

→ I had a stomachache.

2) 나는 콧물이 나서 진찰을 받으러 갔다.
(went / to / see / doctor / a / I / a runny nose / so / had)

→ I _____

3) 나는 열이 있어서 학교에 가지 않았다.
(didn't / fever / had / a / I / go / to / school / because)

→ I _____

4) 나는 감기에 걸려서 쉬었다. (so / I / cold / a / had / rest / took / a)

→ I _____

D GUIDED WRITING

1 동연이가 아팠던 날에 대해서 쓴 글을 읽어 보세요.

날씨	It was <u>rainy</u>. But I played outside. 비가 왔다. 하지만 밖에서 놀았다.
증상	I <u>caught a cold</u>. 나는 감기에 걸렸다.
	I had a <u>fever</u> and a <u>headache</u>. 나는 열이 있었고 머리가 아팠다.
	I had a <u>runny nose</u>, too. 나는 콧물도 났다.
기분	I was so sick and <u>sad</u>. 나는 너무 아팠고 슬펐다.
했던 일	So I didn't go to school. 그래서 나는 학교에 가지 않았다.

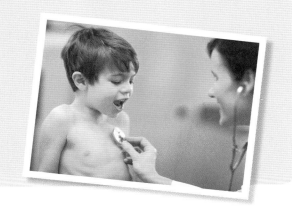

2 동연이처럼 내가 아팠던 날에 대해 영어로 쓰세요.
(밑줄 친 부분을 나의 상황에 맞게 바꿔보면 쉽게 쓸 수 있어요.)

날씨	
증상	
기분	
했던 일	

3 Daily Schedule 하루 일과

나의 하루를 이야기 해봐요.

A WORDS

1 알고 있는 단어에 동그라미 하세요.

get up 일어나다   go home 집에 가다   go to bed 자러 가다

breakfast 아침   lunch 점심   dinner 저녁

have breakfast / lunch / dinner 아침 / 점심 / 저녁을 먹다

often 자주, 종종   always 항상   usually 보통, 대개

2 주어진 단어와 관련된 표현을 위에서 찾아 쓰세요.

morning   ⇒ _____

afternoon   ⇒ _____

evening   ⇒ _____

3 새로 알게 된 단어나 구문을 세 개 골라 세 번씩 쓰세요.

_____

_____

_____

_____

_____

B WRITING POINT

Point 1   **횟수나 빈도를 표현해 볼까요?**

I **usually** get up at 8 o'clock. 나는 보통 8시에 일어난다.

He **often** goes swimming. 그는 보통 수영하러 간다.

She is **always** tired. 그녀는 항상 피곤하다.

usually, often, always처럼 행동이나 상태의 빈번한 정도를 표현하는 단어는 get, go, have와 같은 일반 동사 앞이나 is, am, was, are, were와 같은 be 동사 뒤에 와요.

1 **잘못된 곳을 찾아 바르게 고쳐 쓰세요.**

1) I always am happy.   ➡ _____

2) I get up usually at 7:00.   ➡ _____

3) He always like to go shopping.   ➡ _____

Point 2   **하루 일과를 나타내 볼까요?**

I **get up** at 7:00. 나는 7시에 일어난다.

I **have** breakfast at 7:30. 나는 7시 30분에 아침을 먹는다.

I **go** to school at 8:00. 나는 8시에 학교에 간다.

I **go** home at 3:00. 나는 3시에 집에 간다.

I **go** to bed at 10:00. 나는 10시에 잔다.

일반적인 하루 일과를 나타낼 때에는 동사의 현재형을 그대로 써요.

2 **괄호 안에서 맞는 것을 고르세요.**

1) I (have / am) dinner at 6:00.

2) I (get / got) up at 10:00 every Sunday.

3) I (go / went) to school at 8:00 every day.

Tip

'아침, 점심, 저녁을 먹다'를 나타낼 때에는 앞에 **have**를 붙여요.

I have lunch at 1:00.
나는 1시에 점심을 먹는다.

1 빈칸에 알맞은 것을 보기에서 골라 쓰세요.

> **[보기]** always, gets up, yesterday, tomorrow, had dinner

1) I _____ go home at 5:00.

2) He _____ at 7:00 every morning.

3) She had lunch at 3:00 _____ .

2 순서대로 표에서 골라 의미가 통하도록 세 개의 문장을 만드세요

I	get up / go to school / study English	every day.
He / She	go home / go to bed	every Sunday.
We / They	have(has) breakfast / have(has) lunch	at 7:00
	have(has) dinner	at 10:00

1) I get up at 7:00.

2) _____

3) _____

4) _____

3 괄호 안의 단어를 우리말에 맞게 배열하세요.

1) 나는 항상 9시에 잔다. (bed / go / always / to / at 9:00)
   ➡ I always go to bed at 9:00.

2) 나는 7시에 아침을 먹는다. (at 7:00 / have / breakfast)
   ➡ I

3) 그는 자주 2시에 점심을 먹는다. (lunch / has / at 2:00 / often)
   ➡ He

4) 우리 엄마는 보통 6시에 일어나신다. (gets up / at 6:00 / usually)
   ➡ My mother

D EDITING

재욱이가 자신의 하루 일과에 대해 쓴 글을 읽고 <u>잘못된</u> 부분을 다섯 곳 찾아 고쳐 쓰세요.

[보기] I had breakfast at 9:00 every day.

have

나는 매일 9시에 아침을 먹는다.

I always get up in 7:00 in the morning.

나는 항상 7시에 일어난다.

I have breakfast at 8:30.

나는 8시 30분에 아침을 먹는다.

When I go to school, I often met my friend Jiyeong.

학교에 갈 때 나는 자주 지영이를 만난다.

My school life is fun but I can play with my friends.

나는 친구들과 함께 놀 수 있기 때문에 학교 생활이 즐겁다.

After school, I go to a math academy 3:00.

방과 후에 나는 3시에 수학 학원에 간다.

I usually come home at 5:00 and I go my homework.

나는 보통 5시에 집에 오고 숙제를 한다.

I go to bed at 10:00.

나는 10시에 잔다.

This is my day.

이것이 나의 하루다.

1 다음 물음에 영어로 답하세요.

> **Q1**. What time do you usually get up? 보통 몇 시에 일어나나요?
>
> **Q2**. What time do you have breakfast? 아침은 몇 시에 먹나요?
>
> **Q3**. What time do you usually go to school? 보통 몇 시에 학교에 가나요?
>
> **Q4**. What do you do after school? 학교가 끝나면 무엇을 하나요?
>
> **Q5**. What time do you go to bed? 몇 시에 자나요?

2 위의 질문에 대한 대답을 바탕으로 재욱이처럼 자신의 하루 일과에 대해 영어로 쓰세요.

DOUBLE PUZZLE

앞에서 배운 단어들을 잘 기억해 보세요. 아래 각 단어의 철자를 바르게 배열해서 해당되는 숫자에 있는 알파벳으로 마지막 문장을 완성하세요.

BONRIAW

1

MASNWNO

6

DIERNN

3   9

VEREF

5

DCLO

2

NUYNS

7

RFSAKBEAT

4   8

WAMR

10

1

2 3 4 5

6 1 7 8 9 10

REVIEW 3

1 각 주제에 맞는 단어들을 쓰세요.

취미
drawing,

날씨
sunny,

음식
strawberry,

질병
fever,

공휴일
Christmas,

하루 일과
get up,

2 영어는 우리말로, 우리말은 영어로 바꿔 쓰세요.

1) delicious ➡ _____

2) exhausted ➡ _____

3) received ➡ _____

4) went ➡ _____

5) yesterday ➡ _____

6) weather ➡ _____

7) 겨울 ➡ _____

8) 계절 ➡ _____

9) 매운 ➡ _____

10) 숙제하다 ➡ _____

11) 주었다 ➡ _____

12) 샀다 ➡ _____

I went to _____ 's birthday. 나는 _____ 의 생일 파티에 갔다.

I gave her(him) _____ for his(her) birthday present.

나는 생일 선물로 _____ 을(를) 주었다.

He(She) was _____ . 그(그녀)는 _____ 했다.

His(Her) mother cooked _____ and _____ for his(her) birthday.

그(그녀)의 엄마는 _____ 와 _____ 을(를) 해주셨다.

They were _____ . 그것들은 _____ .

We _____ after eating the food. 우리는 음식을 먹은 후에 _____ 을(를) 했다.

It was _____ . 그것은 _____ .

C 지금까지 배운 내용을 바탕으로 공휴일에 있었던 일을 쓰세요.

Writing a Diary

수아의 일기를 보고 특별히 기억나는 날에 대한 일기를 써 보세요.

Date: Wednesday July, 25th, rainy

Title: Sick Day!

It was a rainy and cold day.

I ate tteokbokki for lunch.

It was too spicy. So I felt sick.

I had a stomachache.

My mother and I went to see a doctor.

The doctor said, "Take a rest."

So I didn't go to an English academy.

I was happy!

Date:

Title:

Answer Key

WEEK 1
People around Me

 My Family

1. Family Member

A. WORDS

2

mother	엄마
father	아빠
parents	부모님
brother	남동생
family	가족

고모, 이모	aunt
언니, 누나	older sister
삼촌	uncle
형, 오빠	older brother
구성원	member

B. WRITING POINT

1 1) I have a brother.
2) My uncle lives in Busan
3) I have a sister. She is pretty.

2 1) one 2) sisters 3) three

C. EXERCISE

1 1) child 2) younger 3) five

2 2) I have two older brothers.

3) I have one younger sister.
4) I have three younger brothers.

3 2) I have two younger brothers.
3) I have one younger sister and two older brothers
4) I have two older sisters and one younger brother.

D. CONTROLLED WRITING

2 five, parents, two younger sisters

3 [예시]
There are four in my family. I have a mother, a father, and one older brother.

2. Job

A. WORDS

2 hospital - nurse, doctor, dentist
KBS - actor, actress, comedian, model

B. WRITING POINT

1 1) He is an actor.
2) She is a teacher.
3) I am an elementary school student.

2 1) to 2) dentist 3) be

C. EXERCISE

1 1) a model 2) actor
3) kindergarten student

2 2) My mother is a baker.

3) I want to be a doctor.

4) I want to be an engineer.

3 2) My mother is a stay-at-home mom.

3) My older brother is a high school student.

4) My aunt is a high school teacher.

2 [예시]

가족 수	There are four in my family.
구성원	I have parents and a younger sister.
직업	My mother is an engineer.
	My father is a fire fighter.
	I am an elementary school student.
	My younger sister is an elementary school student, too.
장래희망	I want to be a police officer.

3. Personality

B. WRITING POINT

1 1) He is a teacher.

2) David is ~~an~~ active.

3) My grandmother is ~~a~~ generous.

2 1) mother   2) aunt   3) He

C. EXERCISE

1 1) I   2) She   3) brother

2 2) My brother is strict.

3) My father is lazy.

4) He is clever.

3 2) My friend Miyeong is shy.

3) My mother is a cook. She is sensitive.

4) My older sister is active and sweet.

D. EDITING

There are four in my family.

I have a father, a mother, and an older sister.

My father is a soldier and he is ~~a~~ generous.

My younger sister is a student and she is shy.

I am an elementary school student.

E. FREE WRITING

1 [예시]

Q1: There are three in my family.

Q2: They are a father, a mother, and me.

Q3: My father is a nurse. My mother is a model.

Q4: My father is friendly. My mother is active.

Q5: I am shy.

Q6: I want to be a nurse.

2 [예시]

There are three in my family. I have a father and a mother. I am the only child. My father is a nurse and he is friendly. My mother is a model and she is active. I am shy. I want to be a nurse.

WORD SEARCH

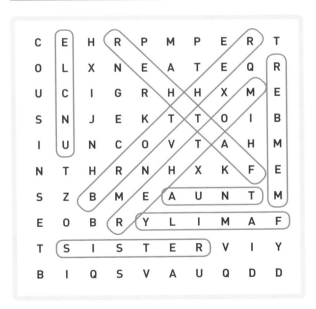

UNIT 2 My Friend

brown hair, black eye / short hair, blue eye, thin

1. Look

A. WORDS

2

short	키가 작은
strong	힘이 센
young	어린
straight hair	생머리
blue eyes	파란 눈

키가 큰	tall
통통한	plump
큰 눈	big eyes
어두운 피부	dark skin
날씬한	slim

B. WRITING POINT

1 1) I am strong.
 2) Minsu is tall.
 3) She is young.

2 1) have 2) nose 3) has

C. EXERCISE

1 1) slim 2) short hair 3) wears

2 2) He is short.
 3) She is slim.
 4) She has long hair.

3 2) She has curly hair.
 3) She is tall and slim.

4) He has small eyes.

D. CONTROLLED WRITING

2 brown, hair, short

3 [예시]
 My friend Minjae has straight hair and small eyes. He is tall and slim. He is friendly.

2. Difference

A. WORDS

2 강아지 - slower, shorter
 호랑이 - faster, bigger, stronger

B. WRITING POINT

1 1) He is faster than me.
 2) Tina is younger than me.
 3) I am shorter than my father.

2 1) shortest 2) the 3) the fastest

C. EXERCISE

1 1) tall 2) faster 3) biggest

2 2) She is stronger than me.
 3) I am taller than my father.
 4) He is bigger than my father.

3 2) Mina is the tallest girl in my school.
 3) Junsu is the fastest boy in my class.
 4) Amy is smaller than Junsu.

D. GUIDED WRITING

2 [예시]
 친구 이름 Domin is my friend.
 외모 He is plump and short.
  He has a big nose and big eyes.
 비교 He is shorter than me.
  But he is the strongest boy in my school.

3. Country

2 왼쪽 위부터 China, India, Russia, America

B. WRITING POINT

1 1) I am from France.

2) He is from America.

3) Martin is from Canada.

2 1) from   2) is   3) comes

C. EXERCISE

1 1) am   2) is   3) from

2 2) I come from India.

3) He comes from China.

4) She comes from Russia.

3 2) I come from Gangwon-do.

3) He is from Pakistan.

4) She comes from Uzbekistan.

D. EDITING

He comes from Russia.

He has short hair and a big nose.

He is bigger than my older brother.

He is the tallest in my class.

E. FREE WRITING

1 [예시]

Q1: Yuri.

Q2: She is from Uzbekistan.

Q3: She has blond hair and brown eyes. She wears glasses.

Q4: She is active and generous.

Q5: She is the fastest girl in my class.

2 Yuri is my special friend. She is from Uzbekistan. She has blond hair and brown eyes. She wears glasses. She is active and generous. She is the fastest girl in my class.

CROSSWORD PUZZLE

UNIT 3 My Favorite People

WARM UP

singer

Idol group

comedian

hip-hop singer

actress

1. Entertainer

A. WORDS

2

play actor	연극 배우
comedian	개그맨
humble	겸손한
ugly	못생긴

겸손한	humble / modest
잘생긴	handsome good-looking
예의 바른	polite
아이돌 그룹	idol group

B. WRITING POINT

1 1) Lucy is a nice. 혹은 Lucy is a nice girl.

2) Ted is a lazy boy.

3) Namsu is a kind boy.

2 1) my   2) favorite   3) actress

C. EXERCISE

1 1) singer   2) multi-talented   3) favorite

2 2) He is a kind boy.

3) She is a pretty girl.

4) I am an active man.

3 2) Kim Woobin is my favorite actor.

3) He is a singer and musical actor.

4) My favorite singer is Tiffany.

D. CONTROLLED WRITING

2 favorite, comedian, fun

3 [예시]

Gahui is my favorite singer. She is a multi-talented entertainer. She is a singer and musical actress. She is beautiful and kind.

2. Strength

B. WRITING POINT

1 1) He is good at swimming.

2) I am good at cooking.

3) She is good at playing the piano.

2 1) the   2) swimming   3) playing

C. EXERCISE

1 1) singing   2) soccer   3) piano

2 2) He is good at playing baseball

3) She is good at swimming.

4) I am good at playing the piano.

3 2) Haha is good at driving.

3) Taehyeon is good at dancing.

4) Henry is good at playing the violin.

D. GUIDED WRITING

2 [예시]

좋아하는 연예인 My favorite entertainer is

Jeong Hyeungdon.

하는 일	He is a comedian.
외모 / 성격	He is plump and short.
	He has small eyes.
	He is fun and active.
잘하는 것	He is good at eating.

3. Best

A. WORDS

2 **-est** - fastest, slowest, biggest, tallest

most - most popular, most difficult, most exciting

B. WRITING POINT

1 1) She is more popular than me.

2) He is more famous than Gary.

3) Suyoung is more beautiful than Yuna.

2 1) the   2) most   3) beautiful

C. EXERCISE

1 1) fastest   2) popular   3) the

2 2) He is the most popular man.

3) She is the most beautiful woman.

4) She is the most interesting woman.

3 2) *Infinite Challenge* is more interesting than *Starking*.

3) He is the most popular boy in my class.

4) Kim Byeongman is the strongest man in *The Law of Jungle*.

D. EDITING

He comes from Wanju, Jeollabuk-do.

He has a wife and a daughter.

He is a tall and handsome.

He is the most popular singer in Korea.

He is good at playing the quitar.

E. FREE WRITING

1 [예시]

Q1: Yuk Seongjae, a member of idol group BTOB.

Q2: He is a singer and actor.

Q3: He has brown hair and big eyes. He is handsome

Q4: He is active and fun.

Q5: He is good at singing and acting.

2 [예시]

My favorite entertainer is Yuk Seongjae. He is a member of idol group BTOB. He is a singer and actor. He has brown hair and big eyes. He is handsome. He is active and fun. He is good at singing. He is good at acting in the drama *Who Are You*.

DOUBLE PUZZLE

LOTPI   ⇒   P I L O T
                    1

ELCEVR   ⇒   C L E V E R
                    4

REEULCHF   ⇒   C H E E R F U L
                    5

YAWREL   ⇒   L A W Y E R
                    2

CMEIANDO   ⇒   C O M E D I A N
                    3

EATFLUIBU   ⇒   B E A U T I F U L
                    7

OCOINKG   ⇒   C O O K I N G
                    6

I   L O V E   Y O U
1   2 3 4 5   6 7

Review 1

A

2 1) 기술자   2) 경찰관   3) 잘생긴

4) 등산하기   5) 예의 바른   6) 너그러운

7) lawyer   8) cook   9) ugly

10) lazy   11) quiet   12) running

B

[예시]

이름	My best friend is <u>Jumi</u>.
	나의 가장 친한 친구는 <u>주미</u>다.
출신	She is from <u>Seoul</u>.
	그녀는 <u>서울</u> 출신이다.
외모	She is <u>tall</u>.
	그녀는 <u>키가 크다</u>.
	She has <u>short hair</u> and <u>black eyes</u>.
	그녀는 <u>짧은 머리</u>에 <u>검은색 눈</u>을 가지고 있다
성격	She is <u>kind and quiet</u>.
	그녀는 <u>친절하고 조용하다</u>.
잘하는 것	She is good at <u>dancing</u>.
	그녀는 <u>춤을 잘 춘다</u>.

C

[예시]

이름	My teacher is Kim Minseon.
출신	She is from Daegu.
외모	She is tall and thin. She has curly hair.
	She wears glasses.
성격	She is strict but friendly.
잘하는 것	She is good at singing.

Genre Writing 1

Writing a Letter

[예시]

Dear Anna,

I'm very glad to get your e-mail.

I am an elementary school student, too.

I have a mother and one older sister.

My mom is a nurse.

My sister is a middle school student.

I have big eyes and black short hair.

I am good at dancing.

I want to be a famous entertainer.

Someday I'm looking forward to seeing you.

Bye for then.

Suna

WEEK 2
Places around Me

 UNIT 1 My Town

WARM UP

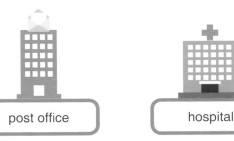

church	school
post office	hospital

1. Building

A. WORDS

2

elementary school	초등학교
police station	경찰서
restaurant	식당
fire station	소방서
flower shop	꽃집

대학교	university
은행	bank
영화관	theater
학원	academy
교회	church

B. WRITING POINT

1 1) There are two banks.

2) There is one school and two parks.

3) There are three theaters, two schools, and two churches.

2 1) groceries   2) academies   3) is

C. EXERCISE

1 1) elementary school

2) flower shop

3) high schools

2 2) Thereis a(one) flower shop in my town.

3) There are three banks around my house.

4) There are two churches and one theater around my school.

3 2) There is a bank and a theater in my town.

3) There is one big park around my school.

4) There is a hospital, a grocery, and two supermarkets around my house.

D. CONTROLLED WRITING

2 two, hospitals, pharmacies, middle, school, around

3 [예시]

There is a bakery, two restaurants and one fire station in my town.

There are two schools around my house.

2. Direction

2 in, on, under

B. WRITING POINT

1 1) The academy is next to my school.

2) A flower shop is in front of the church.

3) There is a bank between the theater and the fire station.

2 1) In   2) around   3) near

C. EXERCISE

1 1) next   2) across   3) between

2 2) The restaurant is in front of the bakery.

3) The bank is behind the high school.

4) The hospital is across from the flower shop.

3 2) My house is across from the church.

3) The restaurant is behind the school.

4) The bakery is between the stationary store and the post office.

D. GUIDED WRITING

2 [예시]

우리 동네   There are one fire station, one post office and two supermarkets in my town.

위치   My school is behind the post office.

My house is next to my school.

The fire station is across from my house.

And there is a big supermarket near the fire station.

3. Location

A. WORDS

2 two-story house, apartment, detached house

B. WRITING POINT

1 1) She lives in Japan.

2) I live in an apartment.

3) I live in a two-story house.

2 1) lives   2) second   3) on

C. EXERCISE

1 1) Seoul   2) apartment   3) fourth

2 2) He lives in Jeju.

3) She lives in Busan.

4) I live in a detached house.

3 2) She lives in the big city.

3) He lives in Jungmun, Jeju.

4) Chris lives in Gangdon-gu, Seoul.

D. EDITING

[예시]

I live in a city.

There is a small supermarket near my house.

Olympic park is across from the supermarket.

Bakery is next to the Olympic park.

There are many coffee shops around the park.

E. FREE WRITING

1 [예시]

Q1: I live in Seongnam city.

Q2: I live in an apartment.

Q3: There are two supermarkets and one pharmacy.

Q4: The big supermarket in front of my house. The pharmacy next to my house

Q5: There is one elementary school, one middle school, and two groceries.

2 [예시]

I live in Seongnam city. I live in an apartment. My house is on 4th floor. There are two supermarkets and one pharmacy near my house. The big supermarket is in front of my house, and the pharmacy is next to my house. There is one elementary school, one middle school, and two groceries in my town.

WORD SEARCH

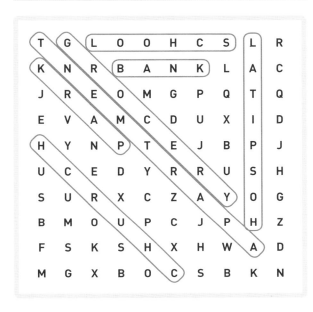

My School

1. Subject

A. WORDS

2

history	역사
math	수학
science	과학
art	미술

음악	music
영어	English
사회	social studies
도덕	ethics

B. WRITING POINT

1 1) He doesn't like music.

   2) She does not like Korean.
      혹은 She doesn't like Korean.

   3) I like social studies, but I don't like art.
      혹은 I don't like social studies, but I like art.

2 1) most   2) favorite   3) like

C. EXERCISE

1 1) most   2) subject   3) social studies

2 2) He doesn't like science.

   3) She doesn't like math.

   4) I don't like social studies.

3 2) I like P.E. the most.

   3) I like music, but I don't like art.

   4) He likes English, but he doesn't like Korean.

D. CONTROLLED WRITING

2 favorite, interesting, science, boring

3 [예시]

I like math, Korean, and music. My favorite subject is music. I am good at singing. But I don't like P.E.

2. Schedule

A. WORDS

2 Wednesday, Thursday, Saturday, Sunday, Tuesday

B. WRITING POINT

1 1) I have math on Thursday.
  2) I don't have social studies on Friday.
  3) I have science, math, and art on the Monday.

2 1) have   2) Tuesday   3) don't

C. EXERCISE

1 1) Friday   2) have   3) class

2 2) I have science on Wednesday.
  3) I have music and art on Monday
  4) I have ethics and science on Thursday.

3 2) I have English on Friday.
  3) I have music on Tuesday.
  4) I have social studies and art on Wednesday.

D. GUIDED WRITING

2 [예시]

좋아하는 과목	I like English the most.
시간표	I have English on Monday, Tuesday, and Friday.
	I have science, Korean, P.E., English, and art on Monday.
	I have social studies, English, music, and math on Tuesday.
느낌	I don't like math. I am not good at math.

But I like Tuesday because I have English class.

3. School Event

B. WRITING POINT

1 1) The school festival is on July 10th.
  2) The school anniversary is on March 4th.
  3) The school.excursion is on October 2nd.

2 1) vacation   2) on   3) to

C. EXERCISE

1 1) starts   2) June 2nd   3) 23rd

2 2) Sports day is on May 4th.
  3) The school anniversary is on July 3rd.
  4) The field trip is on June 2nd.

3 2) The school festival is on September 17th.
  3) Spring break starts next week.
  4) The school anniversary is on October 4th.

D. EDITING

I have two Korean classes and art class on Monday.

There is English class on Wednesday.

There are many events in my school.

Sports day is on May 6th.

And the school excursion is from October 15th to 18th.

E. FREE WRITING

1 [예시]

Q1: There are many events in my school.

Q2: Sports day, school festival, and school excursion are held.

Q3: Sports day is on May 1st.

The school festival is on September 15th.

The school excursion is on October 20th.

Q4: It starts on July 24th.

Q5: It last from July 24th to August 18th.

2 [예시]

There are many events in my school. Sports day is on May 1st. The school festival is on September 15th. The school excursion is on October 20th. Summer vacation starts on July 24th. It is from July 24th to August 18th.

CROSSWORD PUZZLE

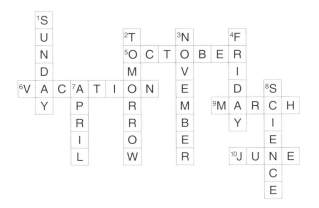

In the Playground

WARM UP

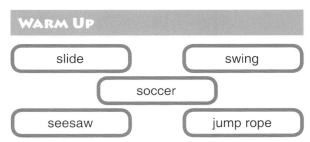

slide   swing

soccer

seesaw   jump rope

1. Ride

A. WORDS

2

swing	그네
slide	미끄럼틀
jump rope	줄넘기
seesaw	시소

철봉	horizontal bar
농구대	basket stands
그네	swing
회전목마	carousel

B. WRITING POINT

1 1) I like a swing.

2) He loves soccer.

3) She goes to the playground.

2 1) go   2) likes to   3) playing

C. EXERCISE

1 1) slide   2) seesaw   3) jump rope

2 2) I enjoy dancing.

3) He likes to watch TV.

4) She enjoy playing the piano.

3 2) Hayeong enjoys riding a carousel

3) He likes to play hide-and-seek.

4) She likes to play jump rope.

D. CONTROLLED WRITING

2 playground, jump rope, hide-and-seek

3 [예시]

I like to go to the playground. My friend Juho likes to go there, too. We enjoy playing on the swings.

2. Ability

A. WORDS

2 walk, throw, kick

B. WRITING POINT

1 1) I can't fly.

2) He can run.

3) We can walk.

2 1) have   2) do   3) should

C. EXERCISE

1 1) have   2) should   3) do

2 2) She can't walk.

3) He can kick the ball.

4) I can't play jump rope.

3 2) He should follow the rule.

3) I have to do my homework.

4) Sangmi has to play with her younger sister.

D. GUIDED WRITING

2 [예시]

좋아하는 놀이 기구	I like seesaw, and my younger brother likes carousel.
주로 하는 놀이	We play hide-and-seek at the playground.
can / can't	I can't play soccer but he can.

have to   We have to go home before 5:00.

3. Sport

A. WORDS

2 baseball, soccer, basketball

B. WRITING POINT

1 1) I'm tired.

2) He is angry. 혹은 He's angry.

3) They are excited.

2 1) play   2) Sunday   3) plays

C. EXERCISE

1 1) bored   2) play   3) plays

2 2) I play baseball every month.

3) He plays tennis every week.

4) She plays badminton every Friday.

3 2) He feels tired.

3) Siwoo plays soccer every day.

4) I play table tennis every Monday.

D. EDITING

I can play soccer very well.

My friend Gilsu likes soccer, too.

We play soccer at the playground every Tuesday.

Gilsu doesn't have a soccer ball, so I have to take my soccer ball.

E. FREE WRITING

1 [예시]

Q1: My favorite sport is badminton.

Q2: I play it at the playground.

Q3: I play it with my father.

Q4: I play it with him every Saturday.

Q5: I feel excited.

2 [예시]

My favorite sport is badminton. I play badminton at the playground next to my apartment. I play it with my father every Saturday. I like to play it because it is exciting.

DOUBLE PUZZLE

TNIABODMN ➡ B A D M I N T O N
1

BELSALBA ➡ B A S E B A L L
6

CESORC ➡ S O C C E R
2

SIWGN ➡ S W I N G

NFU ➡ F U N
5

PAPHY ➡ H A P P Y
3 7

NITENS ➡ T E N N I S
4

I   C A N   F L Y
1   2 3 4   5 6 7

Review 2

A

2 1) 수학   2) 과학   3) 목요일

4) 줄넘기   5) 병원   6) 공원

7) hide-and-seek   8) social studies

9) October   10) soccer   11) bakery

12) pharmacy

B

[예시]

I have English, Korean and math class on Friday.
나는 금요일에 영어, 국어, 수학 수업이 있다.

I don't like math. 나는 수학을 좋아하지 않는다.

It is difficult. 그것은 어렵다.

My favorite subject is P.E.

내가 가장 좋아하는 과목은 체육이다.

I like to play dodge ball at gym.
나는 체육관에서 피구하는 것을 좋아한다.

C

[예시]

I live in Shinnae-dong, Seoul.

There are three elementary schools, four banks, and many supermarkets. A big shopping center is in my town. And a hospital is next to my house.

Genre Writing 2
Making a School Newspaper

Date: July 1st	**Classroom Newspaper** Special Edition	Name: Jenny

School Events

Month	Date	Events
March	2nd	opening day
April	5th	Arbor Day-planting
May	4th	sports day
June	15th	school trip
July	25th	summer vacation
September	10th	school festival
October	20th	school excursion
November	24th	English golden bell
December	25th	winter vacation

Schedule

	Mon	Tue	Wed	Thu	Fri
1	Korean	English	math	science	math
2	Korean	P.E.	math	science	English
3	math	Korean	Korean	art	Korean
4	English	social studies	social studies	art	ethics
5	music	social studies		P.E.	science
6	music	ethics		P.E.	social studies

Favorite Subjects

My classmates like P.E. class the most.
We have P.E. class on Tuesday and Thursday.
We have two P.E. classes on Thursday.
So my classmates like Thursday the most.

WEEK 3
My Everyday Life

 Things I like

1. Hobby

A. WORDS

2

origami	종이접기
drawing	그리기
cooking	요리하기
exciting	신 나는
difficult	어려운

수영하기	swimming
축구하기	soccer
컴퓨터 게임 하기	playing computer games
쉬운	easy
재미있는	fun

B. WRITING POINT

1 1) I am good at drawing.

2) I like to draw birds.

3) My favorite hobby is playing the violin.

2 1) bored　2) exciting　3) is

C. EXERCISE

1 1) play　2) swimming　3) favorite

2 2) I am bored.

3) My hobby is cooking.

4) I like to read a book.

3 2) My hobby is reading a book.

3) My favorite hobby is playing soccer.

4) I am good at cooking.

D. CONTROLLED WRITING

2 favorite, hobby, drawing, like, interesting

3 [예시]

I like to play basketball. Playing basketball is my favorite hobby. It's fun and interesting.

2. Food

A. WORDS

2 red ➡ strawberry, tomato, apple, meat, pork

green ➡ kiwi, watermelon, cabbage, cucumber, spinach, broccoli, zucchini

purple ➡ plum, grapes

B. WRITING POINT

1 1) It tastes good.

2) It is very spicy.

3) It is salty.

2 1) tastes　2) out　3) made

C. EXERCISE

1 1) at　2) out　3) with

2 2) Lemon is sour.

3) Chocolate is sweet.

4) Tteokbokki is spicy.

3 2) It is salty but delicious.

3) My family eats out every Sunday.

4) Bibimbap is made with rice, zucchini, carrot, and meat.

D. GUIDED WRITING

2 [예시]

음식   I like bulgogi.

재료   It is made with meat, onions, and carrots.

맛   It is sweet and delicious.

식당   My family likes to eat out at Korean restaurants.

We all like bulgogi, too.

3. Season

A. WORDS

2 summer ➡ beach, pool, hot, exhausted

mountain ➡ hill, climb, hard, healthy

B. WRITING POINT

1 1) I like fall because it's cool.

2) I like to climb a mountain in summer.

3) I like spring because I can see beautiful flowers.

2 1) tired   2) because   3) when

C. EXERCISE

1 1) and   2) but   3) because

2 2) I am excited when I climb a mountain.

3) I am happy when I ride a bike.

4) I am cold when I eat ice cream.

3 2) I enjoy swimming in summer.

3) I like spring because I like flowers.

4) I am tired when I climb a mountain.

D. EDITING

I like to skate in winter.

I like spring the most because spring is ~~an~~ warm.

The scenery is nice in spring, too.

I'm excited when I go to the mountaintop.

It is made with rice, ham, and vegetables.

E. FREE WRITING

1 [예시]

Q1: My hobbies are skiing and skating.

Q2: I enjoy them on the winter vacation.

Q3: I like winter the most.

Q4: I can make a snowman. And I can go skiing and skating.

Q5: I like hot chocolate.

Q6: I drink it after skiing

Q7: It makes with chocolate and milk

2 [예시]

My hobbies are skiing and skating. I enjoy skiing and skating on the winter vacation. So I like winter the most. And I can make a snowman in winter.

I like hot chocolate. I like to drink hot chocolate after skiing. It makes me warm.

WORD SEARCH

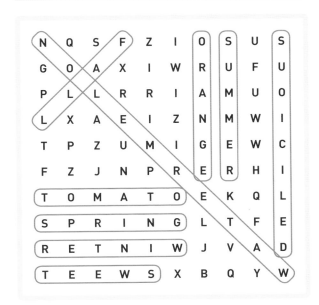

Special Day

WARM UP

Chuseok	Christmas	Arbor Day
Buddha's Birthday	my birthday	Teacher's Day

1. Birthday

A. WORDS

2

invite	초대하다
wash	씻다
cooked	요리했다
help	돕다
gift	선물

오늘	today
카드	card
어제	yesterday
파티	party
원하다	want

B. WRITING POINT

1 1) I was tired.

2) It was exciting.

3) They were happy.

2 1) liked   2) helped   3) play

C. EXERCISE

1 1) played   2) cooked   3) birthday

2 2) I played a computer game.

3) He cooked spaghetti.

4) I invited my friends.

3 2) I liked the present.

3) Yesterday I played card games with my friend.

4) I invited my friends to my birthday party.

D. CONTROLLED WRITING

2 cooked, birthday, helped, delicious

3 [예시]

Yesterday was my birthday. I invited my friends to my birthday party. We ate hamburgers and pizza. I was happy.

2. Holiday

A. WORDS

2 I went to the park.

I met my friends.

They bought me socks.

It was exciting.

B. WRITING POINT

1 1) I met my friends.

2) Eunsu studied English.

3) We ate dinner together.

2 1) and   2) but   3) because

C. EXERCISE

1 1) Arbor Day

2) Buddha's Birthday

3) Children's Day

2 I like New Year's Day, and my brother likes it, too. / I like Children's Day because I received a present. / I like Christmas, but my mom doesn't like it.

3 2) I went to the park, but it was not exciting.

3) I didn't go to school because I was sick.

4) Yesterday was Sunday, but I went to school.

D. Guided Writing

2 [예시]

공휴일	Today is Arbor Day.
있었던 일	I went to the park and planted trees with my family.
and / but	I planted a pine tree but my younger sister didn't plant any tree.
because	She didn't do it because she was tired.
기분	I was happy because I like my pine tree. It was exciting.

3. Vacation

A. Words

2 go ➡ shopping, dancing, skating, hiking, fishing, skiing, camping

do ➡ homework, the dishes, the best

B. Writing Point

1 1) He is going to study math.

2) They are going to cook.

3) I'm going to watch a movie.

2 1) go   2) do   3) do

C. Exercise

1 1) climb   2) dishes   3) skating

2 I am going to play badminton. / We are going to go to the sea. / They are going to study English. / He is going to climb a mountain.

3 2) My family is going to visit my grandfather's house.

3) My older sister is going to go shopping on Sunday.

4) I'm going to join the English camp this winter vacation.

D. Editing

Yesterday (was) Chuseouk.

So I (went) to my grandparents' house with my family.

I (played) a card game and (ate) songpyeon.

My grandfather (gave) me some money.

I (was) happy.

Tomorrow, we are (going) to visit uncle's house.

E. Free Writing

1 [예시]

Q1: It is Christmas.

Q2: I went to Kangwondo with my family last Christmas.

Q3: We went skiing. I received a present from my parents.

Q4: I was happy.

Q5: I am going to have a party with my family this Christmas

2 [예시]

My favorite holiday is Christmas.

I went to Kangwondo with my family last Christmas. We went skiing. I received a present from my parents. It was red gloves. I liked them. I was happy.

Crossword Puzzle

# My Diary

WARM UP

get up	go to school	study
be sick	see a doctor	go to bed

1. Weather

A. WORDS

2

rainy	비 오는
windy	바람 부는
warm	따뜻한
cold	추운
snowy	눈 오는

맑은	sunny
시원한	cool
더운	hot
태풍이 부는	stormy
안개 낀	foggy

B. WRITING POINT

1 1) It is sunny.

2) The weather is snowy.

3) I don't like a rainy day.

2 1) so   2) because   3) So

C. EXERCISE

1 1) snowy   2) windy   3) foggy

2 It is rainy, so I took my umbrella. / It was cold, but I went skating. / It was sunny, so I went on a picnic.

3 2) It was foggy, so my mother can't drive.

3) It was rainy, but I played jump rope.

4) It was snowy, so I went skating.

D. CONTROLLED WRITING

2 rainy, home, play, cold

3 [예시]

It was sunny yesterday. It was nice. So I went to the park with my friend. We played badminton.

2. Sickness

A. WORDS

2 pill, stomachache, runny nose, headache

B. WRITING POINT

1 1) I have a cold.

2) I have a headache.

3) I have a stomachache.

2 1) see   2) a   3) took

C. EXERCISE

1 1) runny nose   2) rest   3) toothache

2 She has a fever. / He had a stomachache. / I have a headache.

3 2) I had a runny nose, so I went to see a doctor.

3) I didn't go to school because I had a fever.

4) I had a cold, so I took a rest.

D. GUIDED WRITING

2 [예시]

날씨	It was hot.
	So I ate ice cream.
증상	I had a stomachache.
기분	I was so sick.

| 했던 일 | So I went to see a doctor with my mother. I had pills and took a rest. |

3. Daily Schedule

A. WORDS

2 morning ➡ get up, have breakfast
afternoon ➡ go home, have lunch
evening ➡ go to bed, have dinner

B. WRITING POINT

1 1) I am always happy.
2) I usually get up at 7:00.
3) He always likes to go shopping.

2 1) have   2) get   3) go

C. EXERCISE

1 1) always   2) gets up   3) yesterday

2 He studies English every Sunday. / We have breakfast at 7:00. / She goes to bed at 10:00. / We go home at 10:00 / They go to school at 7:00.

3 2) I have breakfast at 7:00.
3) He often has lunch at 2:00.
4) My mother usually gets up at 6:00.

D. EDITING

I always get up at 7:00 in the morning.

When I go to school, I often meet my friend Jiyeong.

My school life is fun because I can play with my friends.

After school, I go to a math academy at 3:00.

I usually come home at 5:00 and I do my homework.

E. FREE WRITING

1 [예시]

Q1: I usually get up at 7:00.

Q2: I have breakfast at 8:00.

Q3: I always go to school at 8:30

Q4: I go to the piano academy or play basketball.

Q5: I go to bed at 9:00.

2 [예시]

I usually get up at 7:00.

I have breakfast at 8:00.

I always go to school at 8:30

I go to the piano academy after school at 3:30 on Monday.

I often play basketball with my friends on Wednesday.

I go to bed at 9:00.

This is my day.

DOUBLE PUZZLE

BONRIAW ➡ R A I N B O W
1

MASNWNO ➡ S N O W M A N
6

DIERNN ➡ D I N N E R
3   9

VEREF ➡ F E V E R
5

DCLO ➡ C O L D
2

NUYNS ➡ S U N N Y
7

RFSAKBEAT ➡ B R E A K F A S T
4   8

WAMR ➡ W A R M
10

I L I K E   W I N T E R
1 2 3 4 5   6 1 7 8 9 10

Review 3

A

2 1) 맛있는   2) 지친   3) 받았다

4) 갔다   5) 어제   6) 날씨

7) winter   8) season   9) spicy

10) do my homework   11) gave   12) bought

B

[예시]

I went to <u>Jina</u>'s birthday party.

나는 <u>지나</u>의 생일 파티에 갔다.

I gave her <u>a book</u> for her birthday present.

나는 생일 선물로 <u>책 한 권</u>을 주었다.

She was <u>happy</u>. 그녀는 <u>행복해</u> 했다.

Her mother cooked <u>pizza</u> and <u>spaghetti</u> for her birthday. 그녀의 엄마는 <u>피자</u>와 <u>스파게티</u>를 해주셨다.

They are <u>delicious</u>. 그것들은 <u>맛있었다</u>.

We <u>played board games</u> after eating the food.

우리는 음식을 먹은 후에 <u>보드 게임</u>을 했다.

It was <u>fun</u>. 그것은 <u>재미있었다</u>.

C

[예시]

Last Children's Day, I went camping with my family. We climed Halla mountain and played badminton together.

We had a barbeque party. It was so delicious.

My parents gave me a Nintendo for a Children's Day present. I was happy. I had a really fun time with my family.

Genre Writing 3
Writing a Diary

[예시]

Date: Thursday, August, 7th, sunny

Title: Everland

I went to the amusement park, Everland, with my family. There were many people in Everland. I enjoyed riding a roller coaster and a bumper car. It was exciting. But my younger brother couldn't ride a roller coaster because he was too young.

We came home at night. I was tired but happy.

STORYTELLING VOCABULARY

VOCA EDGE

Reading, Listening, Conversation까지
영역별 연계학습이 가능한 획기적인 교재!

● 초 · 중등 · 수능 필수 어휘 5,800개 총망라
● 주제별 12개 Chapter와 그 안에 100여 개의 Episode 수록
● 개별 단어의 나열이 아닌, 10대의 일상생활 속 이야기가 재미있는 스토리라인으로 구성
● 총 12개의 주제별 Chapter와 각 Chapter당 2~4개의 Unit(에피소드) 수록

Reference

교습용 어휘 교재로서는 국내 최초로 스토리텔링 기법을 도입

각 단어의 용례를 정확히 이해할 수 있도록 실제 어휘력 향상에 중점을 두고 기획된 교재

각 단원에 걸쳐 독해+듣기+쓰기+말하기에 이르는 전영역 학습 가능

학생들의 일상과 밀접한 주제들로 엮인 지문들은 어휘의 이해와 연상 과정을 통합하는 핵심이 되고 있으며, 다양한 주제들은 선생님의 수업 진행을 풍성하게 만드는 단초를 제공

대상 GREEN 중1~고1 | BLUE 중2~고2 | RED 중3~고3
면수 GREEN 276p | BLUE 304p | RED 428p
정가 GREEN 11,000원 | BLUE 11,500원 | RED 12,000원
판형 신국판(152×225)

글로벌 리더로 키우는
미국교과서 영어따라쓰기

면수 1권 228p 2권 120p 3권 120p

구성 본책 + 받아쓰기 12회 + Audio CD 음성파일
+ 추가 보충자료 및 MP3 무료 음성파일

정가 각 12,000원

판형 국배판(221×300)

「미국교과서 영어따라쓰기」로 우리 자녀를 글로벌 리더로 키워 보세요!

● 나선형 구조 시스템으로 구성되어 중요 단어 반복 학습
● 추가 단어 쓰기 자료와 음성파일 무료 제공

미국교과서 영어따라쓰기 K1

1. Alphabet: 영어 학습 시작의 가장 기본인 알파벳따라쓰기(대문자와 소문자 순서 맞춰 쓰기)
2. Phonics: 파닉스(단모음과 단자음)따라쓰기
3. Shapes and Colors: 모양과 색깔에 해당하는 단어 따라쓰기
4. Numbers and Plurals:숫자와 명사의 복수 형태 단어 따라쓰기
5. Sight Words and Sentences: 사이트 워드(I, You, She, He 등)와 문장 따라쓰기

미국교과서 영어따라쓰기 K2

1. Community: 가족 관계 및 직업에 관한 단어 따라쓰기
2. Phonics and Words: 파닉스(단모음과 단모음) 따라쓰기
3. Sight Words and Sentences: 사이트 워드(My, Your, Her, His 등)와 문장 따라쓰기
4. Shapes and Sides: 3각형~6각형에 해당하는 영어 단어와 문장 따라쓰기
5. Science: 지구, 동물, 계절, 신체에 해당하는 영어 단어와 문장 따라쓰기

미국교과서 영어따라쓰기 K3

1. Science: 생태계, 동물, 동물의 특성 관련 영어 단어 따라쓰기
2. Phonics and Words: 파닉스(장모음) 따라쓰기
3. Social Studies: 사회 문화 관련 영어 단어 및 문장 따라쓰기
4. Sight Words and Sentences: 사이트 워드(Yes, No, Will, Can, 의문사, 전치사 등)와 문장 따라쓰기
5. Cursive: 영어 철자 소문자, 대문자, 문장의 필기체 따라쓰기

특허 받은 영어 리딩 비법

단어는 아는데 해석이 안 될 때 보는 책!

● 저울에 원숭이를 올려 보세요. 영어 문장이 보입니다.
● 쭉 읽다 보면 영어 해석이 저절로 됩니다.
● 원숭이를 저울에 올려놓으며 영어 문장을 재미있게 배워요.
● 그림을 보면서 기본 동사의 숨은 뜻을 이해할 수 있어요.
● 내신 서술형 평가가 이제 두렵지 않아요.

면수 212p
정가 13,500원
판형 4×6배판(188×257)

특허 받은 영어 그래머 비법

한번에 영문법을 정리하고 싶을 때 보는 책!

● 영문법이 쉬어지는 특허 학습 비법
● 한눈에 들어오는 기초 영문법 교재
● 네 개 도형만 깨우쳐라! 영문법이 보인다.
● 원숭이가 변신하면 손오공, 손오공이 변신하면 킹콩이 된다.
● 한번에 영문법을 정리하고 싶을 때 보는 책

면수 196p
정가 13,500원
판형 4×6배판(188×257)

특허 받은 영어 보카 비법

단어를 외워도 금방 잊어버릴 때 보는 책!

● 재미있게 잘 외워지는 영어 단어 학습법 수록
● 단어가 쉬어지는 특허 학습 비법
● 생각하고 이미지를 떠올리는 연상법 적용
● 최적의 5가지 방법으로 기초 단어에서 중급 단어까지 난이도별 학습
● 기초 단어 및 중학 필수 단어 마스터 (표제어 1,000개 + α)

면수 240p
정가 13,500원
판형 4×6배판(188×257)

영어, 발음강사 되다!

흉내 내기는 이제 그만!
완벽 네이티브 발음 훈련법!

- 저자 직강 동영상 2회분 수록!
- 모든 발음 입 모양 동영상 수록! (QR코드로 만나보세요!)
- 음높이, 발음, 억양의 실전 문제 (mp3 음성파일을 들으며 연습하세요!)

면수 248p
구성 본책 + MP3 무료 음성파일
정가 12,800원
판형 4×6판(115×180)

엄마, 영어강사 되다!

스마트한 우리 엄마!
이 책으로 우리 엄마도 인기 영어강사?

- 사진으로 이미지화한 100개의 핵심 표현!
- 영어강사의 영어 육아법 大공개!
- 상황별 표현 500개!
- 영어강사가 전수한 아이 표현 300개!
- 엄마의 도전 200개!

면수 232p
구성 본책 + MP3 무료 음성파일
정가 10,800원
판형 4×6판(115×180)

동사구를 활용한 영어 말하기 학습법
특허받은 30 동사구

동사구 30개를 활용한 영어 말하기 학습법!

- 영어 말하기— 쉬운 문법, 쉬운 단어로도 충분히 가능합니다!
- 동사구 30개만 익히고 말하기 훈련을 하면, 실제 다양한 상황 속에서도 응용하여 자유롭게 말할 수 있습니다.

면수 250p
구성 본책 + MP3 무료 음성파일
정가 12,800원
판형 신국판(153×225)

패턴 240개로 끝내는 스피킹
백선엽의 스피킹도 패턴이다

영어 스피킹을 패턴으로 정리한 최초의 책!

- 스피킹을 위한 리얼 토픽 40개 선정!
- 스피킹 필수 TOPIC 40개를 패턴 240개로 정리!
- 〈핵심 패턴 6개 → Short Speaking → Long Speaking〉의 단계별 구성!

면수 352p
구성 본책 + MP3 음원 CD
정가 15,800원
판형 크라운판(167×240)

한 권으로 끝내는
외고, 국제고, 자사고 입시 바이블

특목고 갈 사람 모여라

확 바뀐 외고, 국제고, 자사고
입시전형 준비서
자기소개서 및 면접 준비 실전 가이드

- 학교별 세부 경쟁률 분석
- 학교별 세부 컷라인 분석
- 고교별 합격 & 불합격 사례 분석
- 합격생 자기소개서 작성 사례

1부 – 자기소개서 작성 요령
새롭게 바뀐 자기주도학습 전형에 대한 상세한 설명을 통해 자기주도학습 전형에 대한 이해를 쉽게 할 수 있도록 하였고 이 제도를 도입하는 학교를 상세히 소개하였다.

2부 – 자기주도학습 전형의 이해
자기주도학습 전형에서 합격 여부를 좌우하는 중요한 요소인 자기소개서 작성에 대한 전반적인 설명과 실제 작성을 통해 혼자서도 누구나 차별성을 가진 자기소개서를 작성할 수 있도록 하였다.

3부 – 면접 준비 및 기출문제 분석
면접 시험에 완벽 대비할 수 있도록 면접의 전반적 프로세스에 대해 설명하고 실제 기 출제된 면접 문항을 상세히 소개하여 어떤 질문에서도 당황하지 않고 대답할 수 있도록 하였다.

5개년 입시 분석
5개년 간 축적된 입시 분석 자료를 통해 지원 학교의 경쟁률 및 커트라인을 공개하였고, 다양한 케이스의 합격, 불합격 사례를 통한 분석과 합격생의 실제 자기소개서를 실어 실전에 자신을 가질 수 있게 하였다.

판형 크라운판(176×248)

우등생이 되는 중학생 공부법의 모든 것!

특목고 간
선배들의
공부 스타일

특목고 선배들은 이렇게 공부한다!

● 평소의 공부와 점수를 쑥쑥 올리는 시험 공부법
● 특목고 선배들만 아는 특별한 시크릿 노트 정리법 대공개!
● 특목고에 간 선배 인터뷰
● 공부 잘하는 두뇌 만들기 프로젝트

〈즐길 수 있다면, 공부는 나의 것!〉
제1장 – 특목고 입성에 성공한 학생의 공부법
제2장 – 콕콕 짚어주는 과목별 공부 전략
제3장 – 성적 급상승, 시크릿 노트 정리법
제4장 – 특목고생 인터뷰
제5장 – 평범한 머리를 공부 두뇌로 만들기

면수 208p
정가 12,000원
판형 신국판(152×225)

대학 갈 사람 모여라!

IN서울 공부법

국영수는 물론 논술까지,
대입 합격만을 위한 공부법을 논하다

● 학습 효과를 높여 성적을
   끌어올려라!
● 국·영·수·논술, 정답
   찾기의 비밀

면수 372p
정가 19,800원
판형 크라운판(176×248)

모여라 IN서울 대학

자기소개서
쓰기의 비밀

● 대입 자기소개서 오해하기
   쉬운 사실들
● 상대방을 유혹하는
   자기소개서 쓰기의 비밀
● 자기소개서 첨삭 사례로 본
   자기소개서의 비밀

판형 크라운판(176×248)

혁신 개정판

Just Grammar

1단계 – 문법 해설
2단계 – 기본기 탄탄 다지기
3단계 – 서술형 기초 다지기
4단계 – Oral Test
5단계 – 중간 · 기말고사

6단계 – Grammar in Reading
7단계 – Super Speaking!
8단계 – 실전 서술형 평가문제
9단계 – 워크북(QR코드)

대상 1권 A, B(중1~중2) | 2권 A, B(중2~중3) | 3권 A, B(중3~고1)
면수 1권(A 182p, B 162p) | 2권(A 150p, B 172p) | 3권(A 206p, B 176p)
정가 각 12,000원 | QR코드(해설집 + 워크북 무료 – PDF 파일)
판형 국배판(210×275)

더 디퍼런스 the difference
더 좋은 책을 만들기 위한 남다른 열정